MIRA IOANNOU

ZYPERN

KOCHBUCH

Email: info@edition-lunerion.de
www.edition-lunerion.de

Psiana eCom UG
Berumer Str. 44
26844 Jemgum

Vorwort

Ein wenig Italienisch, ziemlich viel Griechisch, reichlich Türkisch, dazu noch etwas Französisch und Arabisch: Wenn Sie diese Schlemmervielfalt gerne auf dem Teller haben möchten, dann sollten Sie die zypriotische Küche kennenlernen. Denn die vereint das Beste von allem in einer einzigartigen Speisetradition – und die holen Sie sich mit diesem Buch ganz einfach in die heimische Küche!

Frisches Gemüse, Fisch aus dem Meer, das nirgends weit entfernt ist, abwechslungsreiche Getreideprodukte, Oliven, Feta und Gewürze, dazu Lamm und Rind aus den Bergregionen: Die Küche Zyperns bietet alles, was das Feinschmeckerherz begehrt, und punktet dazu noch mit dem unschlagbaren Gesundheitsfaktor der mediterranen Kost. Außerdem bringt zypriotisches Essen im Nu das Gefühl von Ferien am Meer und Entspannung pur auf den Tisch – also Grund genug, hier öfter einmal aus dem Vollen zu schöpfen. Deshalb präsentiert dieses Kochbuch Ihnen eine reiche Sammlung an authentischen Schlemmereien von Vorspeisen und Beilagen über sommerlich-leichte oder herzhaft-deftige Hauptspeisen bis hin zu raffinierten Desserts und landestypischen Drinks. Bei der Riesenauswahl kommen Fleischfans ebenso auf ihre Kosten wie Fischfreunde und Veggies, dazu gelingen die einfachen Schritt-für-Schritt-Rezepte auch ungeübten Köchen im Handumdrehen.

Guten Appetit!

INHALT

Traditionelles Zypern

ZYPRIOTISCHE ESSKULTUR

Die zypriotische Küche ist genauso vielseitig wie die Historie des Landes. Verschiedenste Einflüsse aus den arabischen, französischen, griechischen, italienischen und türkischen Küchen werden auf Zypern zu einem einzigartigen Gaumenschmaus kombiniert. Vor allem schöpft die Kulinarik Zyperns aus dem reichhaltigen Potenzial der landestypischen Agrarprodukte: Getreide spielt hierbei eine der vielen großen Rollen. Das Klima begünstigte jeher die Vielfalt des Nahrungsmittelanbaus. Der Anbau von Oliven, Kräutern, Bohnen und Feigen reicht bis in die Antike zurück. Auch heute sind diese Zutaten immer noch Teil der Charakteristik zypriotischer Speisen. Eines wird im Verlauf der Lektüre dieses Kochbuchs auffallen: Die zypriotische Küche ist sehr gesund. Und dennoch gibt es das eine oder andere Schmankerl – wie die in Sirup eingelegten Süßigkeiten.

Zypern gilt als die Wiege der Weinherstellung im gesamten Mittelmeergebiet. Das geht aus verschiedenen archäologischen Ausgrabungsprojekten hervor. Seit fast 5.000 Jahren sind Wein und Zypern miteinander verbunden. Es existieren auf der gesamten Insel sieben inoffizielle Weinstraßen. Sie führen entlang der malerischen Weingüter der Insel mit seinen einheimischen Rebsorten:

- Mavro (Rotwein, Rosé)
- Xynisteri (Weißwein)
- Commandaria (Bernsteinrosé)

Beim Commandaria handelt es sich um die älteste Weinmarke auf der ganzen Welt. Zu Zeiten der Tempelritter zwischen dem 12. und 14. Jahrhundert wurde in Kolossi dieser süße Dessertwein zur Freude der Kommandantur Richard Löwenherz' serviert. Die späte Ernte der sonnengetrockneten Trauben verleiht dem Wein seinen hohen Zuckergehalt. Ergänzt werden diese Weinsorten von bekannten Reben wie Chardonnay, Shiraz oder Cabernet Sauvignon. Gilt es nun noch, „Auf die Gesundheit, Prost!" auszurufen – „Stin igia sou".

KLASSISCHE ZUTATEN

Ein perfekter Überblick des kulinarischen Reichtums gelingt mit den Meze (oder Mezedes). In einer losen Abfolge werden kleine Häppchen der beliebtesten Mahlzeiten in kleinen Gängen angeboten. Es ist vergleichbar mit den spanischen Tapas. Über den Abend verteilen sich mitunter bis zu 30 Speisen.

Tipp: Einzelne Teller sollte man nicht nacheinander aufessen. Das geschätzte Motto des speisenden Zyprioten lautet: „Siga-Siga". In der Bedeutung geht es um den genüsslichen und langsamen Verzehr der Meze.

Dazu zypriotische Öle und Weine aus dem Pitharia. Heutzutage dienen diese riesigen zwiebelartig gleichenden Gefäße eher als Dekoration. Doch es ist noch gar nicht so lange her, als exklusive Flüssigkeiten standardmäßig in ihnen reiften.

Zutaten	Klassische zypriotische Vertreter
Obst	Aprikosen, Grapefruits, Kirschen, Nektarinen, Orangen, Pfirsiche, Pflaumen, Trauben, Zitronen
Gemüse	Auberginen, Avocados, Paprika, Tarowurzeln, Tomaten, Zucchini
Kräuter	Basilikum, Koriander, Kreuzkümmel, Minze, Oregano, Thymian
Salate	Rucola,Eisbergsalat

Als exotische Note gesellen sich lila Artischocken, Schwarzaugenbohnen und Okraschoten hinzu. Und was ist eigentlich eine Kolokasi? Hierbei handelt es sich um ein Wurzelgemüse, welches mit der Süßkartoffel vergleichbar ist.

Lamm und Rind gehören wie die Gemüsesorten ganz klassisch zur Inselküche. Mit der Loukanika präsentiert sich eine besondere Wurst. Sie variieren deutlich im Geschmack. Je nach Herstellungsregion werden sie in Wein eingelegt oder mit Kräutern geräuchert. Ein weiterer Hauptbestandteil der gesunden Ernährung auf Zypern liegt im frequenten Genuss von Fisch:

- Goldbrassen
- Rotbarben
- Schwertfisch
- Wolfsbarsch

Zypern besteht aus einigen Bergregionen. Und hier wurde sowie wird vor allem Viehzucht betrieben. Ganz praktisch hat sich der Siegeszug der Käsevariationen über das ganze Land vollzogen. Halloumi und Feta sind die häufig genutzten Lebensmittel. Zusätzlich stellt der Anari eine delikate Besonderheit dar: Frisch gleicht er Ricotta, gereift ähnelt er dem Parmesan.

KULINARISCHE REISE DURCH DAS JAHR

Alles fängt mit dem Neujahrstag an. Er wird als Tag des Heiligen Vassilios bezeichnet und daher gibt es nahezu überall den „Vassilopitta". Dieser Neujahrskuchen spiegelt das Hoffen auf ein fruchtbares Jahr wider. Wer die enthaltene Münze findet, dem ist der Segen für dieses Jahr garantiert. Das Beten auf ertragreiche Monate und ein glückliches Jahr geht bis zum 6. Januar – die Epiphania. Während dieses Familienfestes werden insbesondere süße Loukoumades angeboten.

Karneval ist auf der Insel die Zeit der Festumzüge. Bereits zwei Wochen davor beginnen die Vorbereitungen. In dieser Zeit stehen mit Käse gefüllte Bourekia auf dem Tisch. Die Käse-Woche („Tyrini") endet folglich am Rosenmontag. An diesem Tag lockt für viele das Picknick mit Brot, Oliven und Salaten – und natürlich Wein. Denn ab jetzt beginnt die Fastenzeit, währenddessen traditionell auf Fleisch und Fisch sowie andere tierische Produkte verzichtet wird. Jetzt kommt die Hochzeit für Malven („Molohes"), Löwenzahn („Radikia") und Wilde Artischocke („Pangali"). Weitere vegane Gerichte bereichern von nun bis Ostern die Fastenzeit:

- Kolokotes (Gefüllte Kürbis-Teigtaschen)
- Spanakopitta (Spinat-Teigtaschen)
- Tahinopitta (Sesamkuchen)

Und schon steht das wichtigste Jahresfest der Zyprioten an: Ostern. Neben Avgolemono, Flaounes oder manchem Souflaki dreht sich der Fokus abseits der Kulinarik vor allem um das Beisammensein. Das Treffen mit lieben Mitmenschen zelebriert gleichzeitig die Offenheit und Kommunikationsrunde der Inselbewohner. Und ebenso ist sie ein Sinnbild für die entspannte Lebensweise mit dem Blick auf genüssliche Auszeiten. Bereichert wird das Ganze durch die Vielzahl an langsam eintreffenden Obstsorten. Der Sommer fällt nach persönlichen Vorlieben entweder fruchtig-leicht oder deftig-gewürzt aus. Vor allem die Fleischgerichte laden immer wieder zu gemeinsamen Abendessen in großer Runde ein – der Sommer schenkt den Menschen unter dem Himmelszelt die beste Kulisse.

Während sich der Sommer unbedarft locker präsentiert, zählt der Herbst zu der produktivsten Phase auf Zypern – insbesondere im ländlichen Gebiet der Insel. Brote und Gemüse, Nüsse sowie Oliven werden geerntet und natürlich zu Delikatessen verarbeitet. Was wäre denn Zypern ohne seine Weine? Mit voranschreitender Saison zieht es die Zyprioten immer mehr in die eigenen Backstuben. Aber nicht nur zum traditionellen Weihnachtsbacken: Die heimelige Zeit im Warmen steht wieder einmal für besonders gehaltvolle Gerichte aus Fleisch und lokalen Gemüsesorten. „Kourambiedes" (Puderzuckerplätzchen) und das traditionelle „Koulouria" (Sesambrot) kommen um die Weihnachtszeit auf den Tisch.

Frühstück

KESKUL | MILCHPUDDING

4 Port.

35 Min.

Leicht

Zutaten

260 g Rohrzucker
150 g geschälte Mandeln
40 g Reisstärke (oder Maisstärke)
400 ml Milch (3,5 %)
400 ml Sahne
1 Packung Vanillezucker
3 EL Granatapfelkerne (oder Kiwischeiben)
3 EL Wasser (oder Milch)
1 EL ungesalzene Pistazienkerne
1 TL Mandelessenz
Schalenabrieb ½ Zitrone

Küchenutensilien:
4 Dessertschälchen
2 Töpfe
1 Pfanne
1 Sieb
1 Schüssel

Nährwerte p. P.

655 kcal
61 g Kohlenhydrate
41 g Fett
11 g Eiweiß

1 Mandeln ohne Fett in einer Pfanne nur circa 30 Sekunden rösten. Sie kühlen ab und werden anschließend fein gemahlen.

2 In einem Topf kochen Milch und Sahne gemischt auf. Vanillezucker, Mandeln und Mandelessenz hinzufügen. Zucker und Zitronenschale dazugeben. Alles umrühren. Nach dem Aufkochen ruht der Topf 20 Minuten zugedeckt.

3 Anschließend wird die Mandelmilch durch ein Sieb in den zweiten Topf gegossen. Die Mandeln im Sieb zugunsten des Aromas fest ausdrücken. Auf kleiner Hitze köchelt der Topf weiter ein.

4 In einer Schüssel werden Stärke und Wasser verrührt. Diese Mischung wird dem Mandelmilchtopf untergemengt. Auf mittlerer Temperatur kocht die Milch unter stetem Rühren ein, bis sie dickflüssig wird.

5 Den Pudding in die Dessertschälchen füllen. Er wird mit Granatapfelkernen und Pistazienkernen garniert.

GIAOURTI ME XIROI KARPOI

JOGHURT MIT NÜSSEN

2 Port. 10 Min. Leicht

Zutaten

240 g griechischer Joghurt
(50 ml Milch)
3 EL Walnüsse
1 Apfel, in dünne Scheiben geschnitten
1 EL Honig

Küchenutensilien:
1 Schüssel

1 Den Joghurt ein wenig aufschlagen. Wenn gewünscht, wird er mit ein wenig Milch aufgelockert.

2 Apfel putzen sowie halbieren. Das Kerngehäuse und die Blüte werden entfernt. Er wird zu dünnen Spalten geschnitten.

3 Joghurt in eine Schüssel geben. Honig daraufträufeln. Die Apfelspalten im Fächer auflegen und alles mit den Nüssen bestreuen.

Nährwerte p. P.

358 kcal
16 g Kohlenhydrate
29 g Fett
9 g Eiweiß

SOUPAS PROINOU ME FRAOULES / DEILA |

ERDBEEREN/FEIGEN-FRÜHSTÜCKSSUPPE

 2 Port.

 20 Min.

 Leicht

Zutaten

250 g Erdbeeren (oder Feigen – frisch oder TK)
100 ml Milch
2 Bananen
2 Basilikumblätter (oder Minzblätter)
6 EL zarte Haferflocken
6 EL griechischer Joghurt
1 Prise Vanillepulver

Küchenutensilien:
1 Standmixer

Nährwerte p. P.

179 kcal
27 g Kohlenhydrate
6 g Fett
5 g Eiweiß

1 Bananen schälen und klein schneiden. Im Standmixer werden sämtliche Zutaten nur grob püriert.

2 Die Suppe sollte vor dem Genießen noch 15 Minuten quellen.

STRAPATSADA – NTOMATES ME AVGA | TOMATENEIER

4 Port. 20 Min. Leicht

Zutaten

500 g Tomaten
250 g Halloumi
6 Minzblätter
3 Eier
2 EL Olivenöl
1 Prise Salz

Küchenutensilien:
1 Reibe
1 Pfanne

Nährwerte p. P.

334 kcal
2 g Kohlenhydrate
29 g Fett
18 g Eiweiß

1 Tomaten waschen und deren Blütenansatz entfernen. Sie werden klein geschnitten. Halloumi ganz fein raspeln. Minzblätter waschen, abtrocknen sowie klein schneiden.

2 In der Pfanne das Öl erhitzen. Tomaten darin einkochen. Die Flüssigkeit sollte verdampft sein. Nun wird der Halloumi der Tomatenpfanne untergerührt.

3 Eier aufschlagen sowie unter die Tomaten-Käse-Pfanne mischen. Minze und das Salz untermengen. Das Ganze gart noch 1 - 2 Minuten durch.

SHAMALI |

GRIEßSCHNITTEN

25 Port.

1,5 Std.

Leicht

Zutaten

600 g Rohrzucker
550 g Grieß
250 g Joghurt
400 ml Wasser
180 ml Pflanzenöl
25 Mandeln (ganz und enthäutet)
1 TL Backpulver
½ TL Mastix

Küchenutensilien:
1 Topf
1 Schüssel
1 Standmixer
1 Backblech
Backofen

Nährwerte p. P.

259 kcal
39 g Kohlenhydrate
10 g Fett
5 g Eiweiß

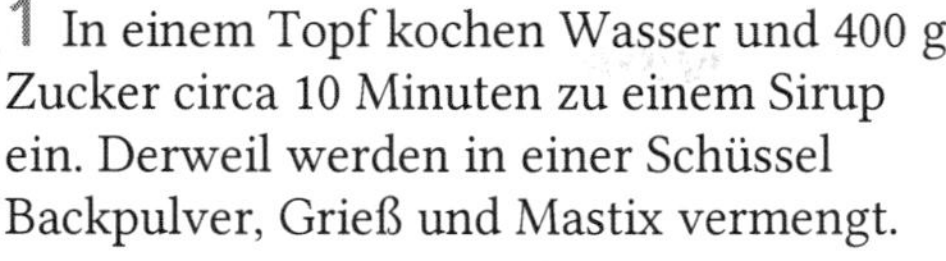

1 In einem Topf kochen Wasser und 400 g Zucker circa 10 Minuten zu einem Sirup ein. Derweil werden in einer Schüssel Backpulver, Grieß und Mastix vermengt.

2 Den restlichen Zucker, den Joghurt und das Öl im Standmixer mischen. Diese Masse wird mit dem Grieß vermengt und gut verrührt.

3 Backofen auf 180 °C Ober-/Unterhitze vorheizen. Die Grießmasse auf dem Blech verteilen und glatt streichen. Das Backblech gehört jetzt für 15 Minuten in den Ofen.

4 Blech entnehmen. Den Grießfladen in 25 Teile schneiden. Auf jeder Schnitte wird eine Mandel platziert. Anschließend backt das Blech weitere 45 Minuten im Backofen.

5 Vor dem Servieren werden die Grießschnitten mit dem erkalteten Sirup übergossen.

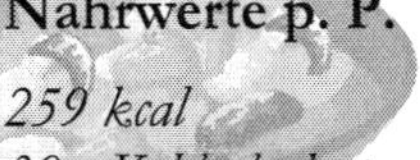
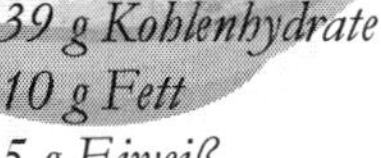

TSEISKEIK ME KARPOS KAI ANARI | FRUCHTIGER KÄSEKUCHEN

12 Port.

1 Std. 5 Min.

Leicht

Zutaten

500 g Äpfel
500 g Anari (ungesalzen)
200 g Rohrzucker
50 g Puderzucker
20 g Speisestärke
150 ml Milch
3 Eier
1 Packung Vanillezucker
1 TL gemahlener Zimt

Küchenutensilien:
1 Topf
1 Springform (25 cm Durchmesser)
1 Standmixer

Nährwerte p. P.

184 kcal
24 g Kohlenhydrate
8 g Fett
6 g Eiweiß

1 Zuerst wird der Zucker im Topf geschmolzen. Es muss stetig umgerührt werden. Der Zucker soll Farbe bekommen. Das Karamell wird auf dem Boden der Springform glatt verstrichen und erkaltet daraufhin.

2 Äpfel schälen und waschen. Das Kerngehäuse und der Stielansatz werden entfernt. Danach werden die Früchte zu Scheiben geschnitten. Apfelscheiben auf das Karamell legen. Sie sollten teilweise übereinanderlappen.

3 Im Standmixer wird der Käse mit der Milch und dem Puderzucker vermischt. Die Eier aufschlagen. Sie landen mit dem Zimt, der Speisestärke und Vanillezucker im Anari. Alles gut durchmischen.

4 Backofen auf 180 °C Ober-/Unterhitze aufheizen. Die Masse aus dem Mixer über die Äpfel gießen. Der Kuchen backt nun in circa 40 Minuten goldbraun.

BOUREKIA TIS ANARIS |

FRISCHKÄSEPÄCKCHEN

6 Port.

1 Std.

Leicht

Zutaten

500 g Filoteig
500 g ungesalzener Anari
100 g Mandeln
100 g Butter
50 g Rohrzucker
200 ml Wasser
(3 EL Zitrusblütenwasser)
1 EL gemahlener Zimt
Puderzucker/Zimt zum Bestreuen

Küchenutensilien:
2 Schüsseln
1 Topf
1 ofenfeste Form
Backofen

Nährwerte p. P.

613 kcal
38 g Kohlenhydrate
46 g Fett
12 g Eiweiß

1 In einer Schüssel mit 200 ml heißem Wasser werden die Mandeln blanchiert. Sie werden gehäutet, trocknen danach und werden grob gehackt.

2 In der zweiten Schüssel den Anari mit der Gabel zerdrücken. Der Zucker, die Mandeln sowie der gemahlene Zimt werden dem Frischkäse untergehoben. Jetzt kann das Zitrusblütenwasser untergerührt werden.

3 Im Topf die Butter schmelzen. Damit werden jeweils eine Hälfte der Filoteigplatten bestrichen. Den Teig umklappen und erneut mit Butter bestreichen.

4 Backofen auf 160 °C Ober-/Unterhitze vorheizen. Anari-Mischung im oberen Drittel der Teigplatten platzieren. Erst die obere Seite, dann von links und rechts den Teig einschlagen. Die untere Seite nach oben ziehen. Sie sollte die gesamte Füllung einhüllen.

5 Ofenform einfetten und die einzelnen Teigtaschen einlegen. Die Bourekia nochmals mit der Butter einstreichen. Sie backen etwa 25 Minuten im Ofen.

6 Snack aus dem Ofen nehmen. Er wird nun mit Puderzucker und/oder Zimt bestreut.

TARTA ME NTOMATES | TOMATEN-OLIVENTARTE

4 Port.

1 Std. 55 Min.

Leicht

Zutaten

750 g Tomaten
250 g Mehl
200 g schwarze Oliven (entsteint)
125 g Butter
4 Thymianstängel
2 Knoblauchzehen
2 Schalotten
1 Ei
Schalenabrieb 1 Zitrone
1 EL Olivenöl
Je 1 TL Salz & Pfeffer

Küchenutensilien:
1 Rührschüssel
1 Topf
1 Schüssel
1 Tarteform (etwa 30 cm Durchmesser)
Backofen

Nährwerte p. P.

536 kcal
33 g Kohlenhydrate
31 g Fett
8 g Eiweiß

1 In einer Rührschüssel werden Mehl, das aufgeschlagene Ei sowie die zerlassene Butter gut miteinander gemischt. Nun wird der Zitronenschalenabrieb untergemengt. Daraus entsteht ein Mürbeteig. Er ruht circa 30 Minuten.

2 Währenddessen Tomaten kreuzweise einritzen und kurz im Topf mit heißem Wasser blanchieren. Nun wird die Haut abgezogen und das wässrige Innere entfernt. Das Tomatenfleisch würfeln und in eine Schüssel geben.

3 Schalotten und Knoblauch schälen sowie fein hacken. Sie werden der Tomatenschüssel untergemengt. Oliven nach Vorliebe ganz lassen, halbieren oder zu Ringen schneiden. Das Ganze wird gesalzen und gepfeffert.

4 Backofen auf 180 °C vorheizen. Teig in der Tarteform auslegen. Der Rand soll etwas überhängen. Jetzt wird die Tomatenmasse auf den Teig gegeben. Alles mit Olivenöl beträufeln.

5 Die Tarte backt etwa 1 Stunde. Thymian waschen, trocken schütteln und final die abgezupften Blätter vor dem Servieren über die fertige Tarte streuen.

OMELETA KOLOKYTHI ME CHALLOUMI | ZUCCHINI-HALLOUMI-OMELETT

4 Port.

40 Min.

Leicht

Zutaten

350 g Zucchini
100 g Halloumi
60 g Zwiebeln
40 g Weizenvollkornmehl (optional)
8 Petersilienstängel
6 Minzstängel
6 Eier
4 Thymianzweige
3 EL Sonnenblumenöl
1 TL Salz
½ TL frisch gemahlener schwarzer Pfeffer

Küchenutensilien:
1 Standmixer
1 Sieb
1 Spatel
1 Pfanne

Nährwerte p. P.

345 kcal
11 g Kohlenhydrate
25 g Fett
21 g Eiweiß

1 Zucchini putzen sowie zu kleinen Stücken schneiden. Halloumi ebenfalls zu kleinen Stücken verarbeiten. Zwiebel schälen sowie halbieren. Kräuter waschen, trocknen sowie deren Blätter abzupfen.

2 Im Standmixer werden Zucchini und ½ TL Salz auf Stufe 4 zerkleinert. Das Ganze wird entnommen und tropft im Sieb ab.

3 Die Kräuter mixen und im Gerät mit dem Spatel nach unten schieben. Zwiebeln und Käse einfüllen und ebenso pürieren. Wieder alles mit dem Spatel nach unten schieben und mit der ausgedrückten Zucchini nochmals mixen.

4 Standmixer reinigen sowie das restliche Salz, den Pfeffer, die aufgeschlagenen Eier sowie das Mehl darin mixen.

5 In der Pfanne werden erst das Öl und dann die Zucchini-Käse-Masse erhitzt. Die Schicht sollte leicht angedrückt werden. Die Flüssigkeit soll etwas verdampfen.

6 Ei-Masse darübergießen. Das Omelett gart, bis es unter mittlerer Hitze komplett stockt. Mit dem Pfannenwender wird die Mahlzeit geviertelt und brät folglich von der anderen Seite ebenso leicht gebräunt an.

Salate

CHALLOUMI STI SCHARA |

GRILLKÄSE MIT KÜRBISSALAT

4 Port.

1 Std. 15 Min.

Leicht

Zutaten

600 g Kürbisfleisch
500 g Halloumi
300 g Bohnen (1 Dose)
1 Zwiebel
½ Bund Koriander
5 EL Olivenöl
1 ½ EL heller Balsamessig
2 TL Kurkumapulver
Je 1 TL gemahlener Koriander & Kreuzkümmel
½ TL Flüssighonig
½ TL Chilipulver
Je 1 Prise Salz & Pfeffer

Küchenutensilien:
2 Schüsseln
1 Sieb
1 Pfanne
1 Backblech
Backofen

Nährwerte p. P.

829 kcal
39 g Kohlenhydrate
51 g Fett
52 g Eiweiß

1 Backofen auf 200 °C Ober-/Unterhitze einstellen. Kürbis schälen, vierteln sowie vom faserigen und kernigen Inneren befreien. Das Kürbisfleisch wird folglich mundgerecht zerschnitten.

2 In einer Schüssel sämtliche Gewürze, außer Salz und Pfeffer, mit etwa 2 EL Öl mischen. Auf dem Blech werden die Kürbisstücke verteilt und mit dem Gewürzdip aus der Schüssel beträufelt. Sie garen circa 30 Minuten und sollten mehrfach gewendet werden.

3 Bohnen im Sieb abspülen sowie abtropfen. Koriander abspülen und trocken schütteln. Dessen Blätter werden abgezupft. Zwiebel schälen sowie zu schmalen Spalten verarbeiten.

4 Käse zu dünnen Scheiben schneiden. In einer Pfanne werden diese beidseitig in etwa 1 EL Öl goldbraun gebraten.

5 Das restliche Öl mit dem Honig und dem Essig in der zweiten Schüssel mischen. 1 Prise Salz und Pfeffer dazugeben.

6 Kürbis aus dem Ofen nehmen und etwas abkühlen. Er wird mit Bohnen, frischer Zwiebel und Korianderblättern gemischt. Den Käse darauf positionieren und das Ganze mit der Vinaigrette beträufeln.

MELINTZANOSALATA |

AUBERGINENSALAT

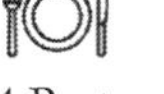

4 Port. 25 Min. Leicht

Zutaten

1 kg Auberginen
100 g gehackte Walnüsse
8 schwarze Oliven
100 ml Olivenöl
100 ml Weinessig
4 Petersilienstängel
3 Knoblauchzehen
Je 1 Prise Salz & Pfeffer

Küchenutensilien:
1 Pfanne
Standmixer
Backofen

Nährwerte p. P.

359 kcal
7 g Kohlenhydrate
33 g Fett
6 g Eiweiß

1 Backofen auf 100 °C Umluft vorheizen. Stiele der Auberginen abtrennen. Sie werden halbiert und landen in einer Pfanne. Im Ofen backen sie nun 12 – 15 Minuten.

2 Das Innere mit dem Löffel auskratzen und in den Standmixer geben. Den Rest klein schneiden, wenn die Auberginen ausgekühlt sind.

3 Knoblauch schälen und zerdrücken. Dieser landet mit den Gewürzen im Mixer. Es soll eine homogene Masse entstehen. Nach und nach werden Öl sowie Essig angegossen.

4 Oliven klein schneiden. Petersilie waschen, trocknen sowie klein hacken. Auberginenstücke werden arrangiert, das Püree darüber verteilt und das Ganze mit Oliven, Walnüssen und Petersilie garniert.

FROUTOSALATA ME PORTOKALIA | ZITRUSSALAT

4 Port.

15 Min.

Leicht

Zutaten

1,5 kg Orangen (etwa 6 Stück)
100 g Mandeln
100 g Zitrusfrüchte (eingelegt)
100 ml Sirup (von den eingelegten Früchten)
1 Granatapfel

Küchenutensilien:
1 Topf

1 Orangen waschen sowie schälen. Sie werden zu Scheiben geschnitten. Die Kerne des Granatapfels aus der Schale lösen.

2 Mandeln in einem Topf mit heißem Wasser kurz blanchieren. Folglich löst sich die Haut einfacher.

3 Orangenscheiben anrichten. Darauf Granatapfelkerne, Mandeln und Zitrusfrüchte arrangieren. Darüber wird der Sirup geträufelt. Bis zum Servieren wird der süßfruchtige Salat zugedeckt und gekühlt gelagert.

Nährwerte p. P.

396 kcal
60 g Kohlenhydrate
13 g Fett
8 g Eiweiß

Tipp: Am einfachsten lösen sich die Granatapfelkerne, indem sie in einer Schüssel mit kaltem Wasser unter der Wasseroberfläche herausgepult werden.

SALATA TON EROTA |

LIEBESSALAT

4 Port. 15 Min. Leicht

Zutaten

4 Walnusskerne
3 Petersilienstängel
2 Minzstängel
1 Granatapfel
½ Bund Rucola
½ Bund Portulak (oder Spinat)
2 EL eingelegte Kapern
2 EL Essig
1 EL Pflanzenöl
1 TL Senfkörner
1 Prise Salz

Küchenutensilien:
1 Schüssel

Nährwerte p. P.

218 kcal
4 g Kohlenhydrate
21 g Fett
4 g Eiweiß

1 Walnüsse grob hacken. Granatapfel halbieren. Dessen Kerne werden am besten in einer Schüssel mit Wasser unter der Wasseroberfläche herausgelöst.

2 Portulak sowie Rucola waschen und verlesen. Minze sowie Petersilie waschen, trocken schütteln und danach deren Blätter abzupfen.

3 In einer Schüssel werden Öl, Essig, Senfkörner und Salz zu einem Dressing gut vermischt.

4 Salat auf dem Teller anrichten. Nusskerne, Granatapfel sowie Kapern und Minze darüberstreuen. Final mit dem Dressing beträufeln.

PANTZARIA |

ROTE-BETE-SALAT

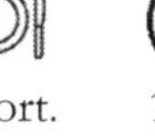

4 Port. | 1 Std. 15 Min. | Leicht

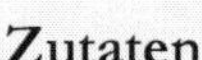

Zutaten

500 g Rote Bete
2 EL Olivenöl
2 EL gehackte Petersilie
1 Prise Salz

Küchenutensilien:
1 Ofenform mit Deckel (Backpapier)
Backofen

Nährwerte p. P.

170 kcal
11 g Kohlenhydrate
13 g Fett
2 g Eiweiß

1 Rote Bete waschen und nicht schälen. Blatt- sowie Wurzelansätze werden entfernt. Mit dem Messer wird an der Oberseite ein Kreuz eingeritzt. Sie sollen nicht geteilt werden.

2 Backofen auf 180 °C Ober-/Unterhitze aufheizen. Anstatt die Knollen zu kochen, werden sie in einer ofenfesten Form arrangiert und gebacken. Die Form sollte einen Deckel besitzen oder die Rote Bete wird mit Backpapier eingewickelt. Sie backen circa 50 - 60 Minuten im Backofen.

3 Nun werden die Knollen einfach geschält. Rote Bete zu Scheiben schneiden und mit den restlichen Zutaten beträufeln und bestreuen.

SALATA KYPRIAKI |

ZYPRIOTISCHER SALAT

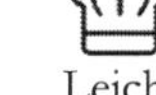

4 Port. 40 Min. Leicht

Zutaten

400 g Halloumi
80 g eingelegte grüne Oliven
80 g eingelegte schwarze Oliven
5 Tomaten
2 Zwiebeln
1 Eisbergsalat
1 Gurke
Je 1 grüne & rote Paprika
1 Zitrone
4 EL Olivenöl
Je 1 Prise Salz & Pfeffer

Küchenutensilien:
1 Salatschüssel

1 Tomate und Gurke waschen sowie deren wässriges Innere entfernen. Paprika putzen, deren Kerne entnehmen und sie zu Würfeln schneiden. Zwiebeln schälen sowie zu Streifen schneiden. Der Salat wird nach dem Waschen und Halbieren ebenso zu Streifen verarbeitet.

2 In der großen Schüssel das Gemüse vermischen. Den ausgepressten Zitronensaft, das Öl sowie Salz und Pfeffer hinzufügen. Den Halloumi in den Salat bröckeln. Oliven klein schneiden und alles nochmals gut vermischen. Er zieht etwa 20 Minuten.

Nährwerte p. P.

450 kcal
3 g Kohlenhydrate
41 g Fett
19 g Eiweiß

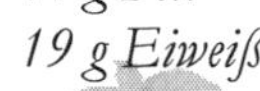

SALATA ANGOURI ME SALTSA ELIAS |

GURKEN-KORIANDER-SALAT UND OLIVENSALSA

4 Port.

20 Min.

Leicht

Zutaten

550 g Gurke
150 g Cocktailtomaten
15 grüne Oliven
15 schwarze Oliven
1 Frühlingszwiebel
1 Zitrone
1 Bund glatte Petersilie
1 Bund frischer Koriander
3 EL Olivenöl
Je ½ TL Salz & Pfeffer

Küchenutensilien:
2 Schüsseln
1 Standmixer
1 Spatel

Nährwerte p. P.

197 kcal
2 g Kohlenhydrate
21 g Fett
1 g Eiweiß

1 Tomaten halbieren. Kräuter waschen, trocken schütteln und danach deren Blätter lösen. Oliven entkernen und die Frühlingszwiebeln putzen sowie zu Ringen verarbeiten.

2 Zitrone heiß abwaschen, trocken reiben und etwas Schalenabrieb erzeugen. Dieser wird zur Seite gestellt. Die Zitrone schälen, achteln sowie von den Kernen befreien. Gurke schälen, das lockere Innere mit einem Löffel herauskratzen und zu mundgerechten Stücken schneiden.

3 Kräuter im Standmixer pürieren. 4 EL Kräuter entnehmen und zur Seite legen. Mit dem Spatel wird der Rest im Mixer nach unten geschoben. Oliven, Zitronenschalenabrieb und die Hälfte des Zitronenfruchtfleisches mit 3 EL Öl im Gerät mixen. Die Olivensalsa wird mit je ½ TL Salz und Pfeffer veredelt und in eine Schüssel gefüllt.

4 Gurke, Tomate und Frühlingszwiebel in einer Schüssel mischen. Restliche Zitrone über dem Salat auspressen. Die zur Seite gelegten Kräuter dienen in Form eines Kleckses als Garnierung. Die Salsa fungiert als mögliches Topping.

SALATA ME CHALLOUMI |

BUNTER CHALLOUMI-SALAT

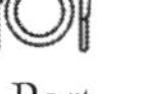

4 Port. 30 Min. Leicht

Zutaten

200 g Zuckerschoten
200 g Halloumi
100 g Pekannüsse
100 g Granatapfelkerne
200 g Rucola
250 ml Wasser
1 Mango
4 EL Olivenöl
2 EL Zitronensaft
2 EL Balsamico
2 TL Honig
2 TL Zatar (israelische Gewürzmischung)
2 Prisen Salz
1 Prise Pfeffer

Küchenutensilien:
2 Schüsseln
1 Topf
1 Sieb
1 tiefer Teller
1 Pfanne

Nährwerte p. P.

525 kcal
13 g Kohlenhydrate
46 g Fett
14 g Eiweiß

1 Zuckerschoten waschen und von den harten Enden befreien. Im Topf 250 ml Wasser aufkochen und mit einer Prise Salz würzen. Sie kochen etwa 3 Minuten darin. Im Sieb tropfen sie ab. Folglich werden sie mit je einer Prise Salz und Pfeffer sowie einem Schuss Öl in einer Schüssel vermengt.

2 Halloumi zu etwa 1 cm dicken Scheiben zurechtschneiden. In einem tiefen Teller mit 1 EL Öl werden die Käsescheiben gewendet. In der Pfanne wird der Halloumi nun von beiden Seiten auf der mittleren Stufe goldbraun gebraten.

3 Für das Dressing sämtliche Flüssigzutaten mit dem Zatar in der zweiten Schüssel mischen.

4 Rucola waschen, abtrocknen und verlesen. Mango schälen. Vom Stein lösen und zu kleinen Stücken schneiden. Granatapfelkerne aus der Frucht lösen. Pekannüsse knacken und grob hacken.

5 Salat auf den Tellern verteilen. Halloumscheiben auflegen und mit Mangostücken sowie Zuckerschoten bedecken. Nun werden Granatapfelkerne und Pekannüsse on top gestreut. Final wird der Salat mit dem Dressing beträufelt.

Tipp: Zatar lässt sich auch gut selbst herstellen. Als Erstes werden 2 EL Sesamsamen ohne Fett in der Pfanne geröstet. Sie kühlen ab. Nun werden 2 EL Thymian, 1 EL Oregano, 2 EL Sumach, 1 EL Salbei und 1 EL Rosmarin benötigt. Im Mörser alle Zutaten vermischen und zerstoßen. Wer möchte, fügt noch ein wenig Chili hinzu. In der Herstellung mit Trockenkräutern erfolgt dies schneller, durch das Öl funktioniert es jedoch auch frisch sehr gut und gibt dem Dressing noch mehr Power.

Suppen

TRACHANASOUPA |

TRAHANASSUPPE

  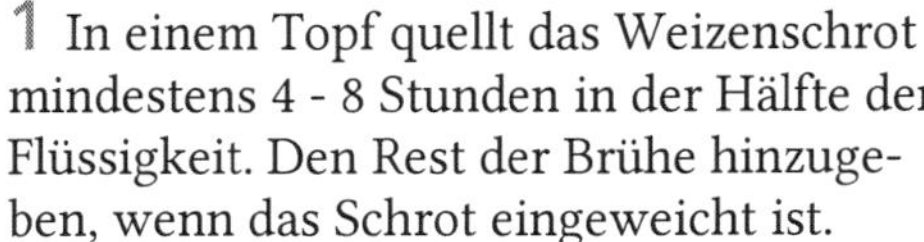

4 Port. | 8 Std. 20 Min. | Leicht

Zutaten

300 g Trahanas (Weizenschrot in gesäuerter Milch)
1,5 l Gemüsebrühe (oder Wasser)
4 Halloumischeiben
1 - 2 EL schwarzer Pfeffer

Küchenutensilien:
1 Kochtopf

Nährwerte p. P.

530 kcal
35 g Kohlenhydrate
34 g Fett
18 g Eiweiß

1 In einem Topf quellt das Weizenschrot mindestens 4 - 8 Stunden in der Hälfte der Flüssigkeit. Den Rest der Brühe hinzugeben, wenn das Schrot eingeweicht ist.

2 Auf mittlerer Hitze kocht das Ganze nun um etwa ein Drittel ein und der Inhalt gar.

3 Halloumi zu kleinen Stücken schneiden. Sie werden in den letzten 5 Minuten der Suppe hinzugefügt. In der letzten Minute der Garzeit das Ganze ordentlich pfeffern.

AVGOLEMONO |

HÜHNERSUPPE

6 Port.

50 Min.

Leicht

Zutaten

150 g Kritharaki (Reisnudeln oder andere kleine Nudelsorte)
100 g Karotten
100 g Sellerie
1,75 l Hühnerbrühe
2 Hähnchenbrüste
2 Lauchzwiebeln
2 Eier
2 Zitronen
2 Lorbeerblätter
2 Knoblauchzehen
1 Zwiebel
2 EL Olivenöl
Je 1 Prise Salz & Pfeffer

Küchenutensilien:
1 Kochtopf
1 Schüssel

Nährwerte p. P.

449 kcal
25 g Kohlenhydrate
31 g Fett
18 g Eiweiß

1 Gemüse putzen sowie zu mundgerechten Stücken verarbeiten. Zwiebel und Knoblauch schälen sowie klein hacken. Lauchzwiebeln putzen sowie zu kleinen Stücken schneiden.

2 Eine Zitrone heiß abwaschen und abtrocknen. Es wird ein wenig Schalenabrieb benötigt. Die zwei Zitronen werden folglich ausgepresst.

3 In einem Kochtopf das Öl erhitzen. Darin braten Sellerie und Möhren für 2 - 3 Minuten unter Rühren an. Jetzt werden beide Zwiebelarten und Knoblauch hinzugefügt. Brühe angießen sowie die Lorbeerblätter dazugeben. Alles kocht auf.

4 Fleisch abspülen, trocken tupfen und in den Topf geben. Es gart etwa 12 - 15 Minuten. Die Hähnchenbrüste entnehmen sowie auseinanderzupfen.

5 Den Suppentopf salzen und pfeffern sowie die Nudeln untermengen. In 15 Minuten sollten sie gar sein. Jetzt wird das Fleisch wieder in den Topf gelegt.

6 In einer Schüssel wird der Zitronensaft mit den aufgeschlagenen Eiern verquirlt. Zwei Kellen der Brühe in die Schüssel geben und alles vermischen. Der Schüsselinhalt wird nun der Suppe zugeführt. Das Ganze zieht noch etwa 5 Minuten bei ausgeschaltetem Herd.

FASOLIA GIGANTES

BOHNENEINTOPF

2 Port.

1 Std. 20 Min.

Leicht

Zutaten

500 g Riesenbohnen (Dose)
550 ml Wasser
200 ml Olivenöl
8 Minzblätter
3 Tomaten
2 Zwiebeln
1 Knoblauchzehe
1 Thymianzweig
2 EL Petersilie
Je ½ TL Salz & Pfeffer
1 Prise Zucker

Küchenutensilien:
1 Topf
1 Tontopf
1 Pfanne
Backofen

Nährwerte p. P.

661 kcal
10 g Kohlenhydrate
67 g Fett
3 g Eiweiß

1 Zwiebel sowie Knoblauch schälen und fein hacken. Petersilie und Minzblätter waschen, abtrocknen sowie klein hacken. Tomaten waschen, deren Blütenansatz herausschneiden und das Fruchtfleisch zu kleinen Stücken verarbeiten.

2 In einem Topf garen die Bohnen etwa 12 - 15 Minuten in 500 ml Wasser. Sie werden danach in einen ofenfesten Tontopf gegeben.

3 In der Pfanne das Öl erhitzen. Darin dünsten Zwiebeln und Knoblauch an. Jetzt werden Tomaten, Thymian und Petersilie sowie die Gewürze dazugegeben. 50 ml Wasser hinzugießen. Alles gart etwa 10 Minuten.

4 Backofen auf 180 °C aufheizen. Erst jetzt die Minze unterrühren. Thymianstängel entnehmen. Die Soße wird über die Bohnen gegossen. Das Ganze backt circa 35 - 40 Minuten im Ofen.

KOUNELI STIFADO |

KANINCHENEINTOPF

4 Port.

2 Std.

Leicht

Zutaten

1 kg Kaninchenfleisch
1 kg Zwiebeln
200 ml Wasser
200 ml Pflanzenöl
100 ml Essig
1 Zimtstange
1 Lorbeerblatt
Je 1 TL Salz & Pfeffer

Küchenutensilien:
2 Töpfe

1 Fleisch waschen, abtupfen sowie zu mundgerechten Stücken schneiden. Eventuell muss es noch von Häutchen und Sehnen befreit werden. Zwiebeln schälen sowie zu dünnen Scheiben verarbeiten.

2 In der Hälfte des Öls brät das Kaninchen im Kochtopf goldbraun an.

3 Separat dünsten die Zwiebeln im zweiten Topf im restlichen Öl glasig an. Es sollte gelegentlich umgerührt werden.

4 In den Zwiebeltopf gehören nun sämtliche andere Zutaten. Auf mittlerer Stufe köchelt alles etwa 1,5 Stunden. Das Fleisch soll gar und eine leichte Soße entstanden sein.

Nährwerte p. P.

617 kcal
10 g Kohlenhydrate
44 g Fett
45 g Eiweiß

LOUVANA |

GELBE ERBSENSUPPE

2 Port.

35 Min.

Leicht

Zutaten

250 g gelbe Erbsen (bspw. Ockerplatterbsen)
50 g Risottoreis
1 l Wasser
Saft 1 Zitrone
1 Zwiebel
3 EL Pflanzenöl
1 Prise Salz

Küchenutensilien:
1 Schüssel
1 Topf
1 Pfanne

Nährwerte p. P.

292 kcal
24 g Kohlenhydrate
18 g Fett
7 g Eiweiß

1 Erbsen mehrfach in einer Wasserschüssel waschen. Das Wasser dabei wechseln. Anschließend kochen die Erbsen in 1 l Wasser bei mittlerer Hitze etwa 20 Minuten im Topf.

2 Reis dem Erbsentopf hinzufügen. Alles köchelt weiter, bis der Reis gar ist.

3 Zwiebel schälen und fein schneiden. Sie schwitzen im Öl in der Pfanne an. Sie werden der Suppe beigemengt. Jetzt wird mit Salz und Zitronensaft gewürzt.

MAGIRITSA ME TRAHANA |

VEGETARISCHE OSTERSUPPE

4 Port. | 1 Std. 25 Min. | Leicht

Zutaten

100 g Trahanas
3 l Wasser
4 große Salatblätter
3 Lauchstangen
2 Eier
1 Dillstängel
½ Bund Frühlingszwiebeln
Je 1 TL Salz & Pfeffer

Küchenutensilien:
2 Schüsseln
1 Kochtopf

Nährwerte p. P.

164 kcal
21 g Kohlenhydrate
5 g Fett
8 g Eiweiß

1 In einer Schüssel mit einem Liter Wasser quellt der getrocknete Getreidebrei etwa 30 Minuten.

2 Lauch sowie Frühlingszwiebeln putzen und klein schneiden. Die Salatblätter waschen, abtupfen und grob zerreißen. Dill abspülen, trocken schütteln und fein hacken.

3 Nun kocht das Trahanas in zwei Litern Wasser im Kochtopf auf. Die Gemüsebeilagen und den Dill hinzugeben. Alles köchelt bei mittlerer Hitze circa 35 - 40 Minuten.

4 In der zweiten Schüssel werden die Eier aufgeschlagen und gut verquirlt. Ein wenig Brühe aus dem Kochtopf in die Ei-Masse rühren.

5 Nun werden die Eier bei niedriger Temperatur in der Suppe untergerührt. Jetzt wird gesalzen und gepfeffert. 5 Minuten darf das Ganze noch ziehen.

Brote

ELAIOPSOMO |

OLIVENBROT

16 Port.

4,5 Std.

Leicht

Zutaten

500 g Mehl
250 g schwarze Oliven
200 g Sesam
390 ml Wasser
115 ml Olivenöl
1 Zwiebel
1 Beutel Trockenhefe
1 Minzstängel
½ TL Salz

Küchenutensilien:
1 große Rührschüssel
1 Backblech
Backofen

Nährwerte p. P.

280 kcal
20 g Kohlenhydrate
19 g Fett
7 g Eiweiß

1 In einer Schüssel wird die Hefe in 110 ml Wasser aufgelöst. Danach etwa 200 g Mehl dazugeben und den Schüsselinhalt zu einem homogenen Teig kneten. Er ruht zugedeckt etwa 15 Minuten, bis sich Blasen bilden.

2 Zwiebel schälen und fein hacken. Oliven putzen, halbieren sowie entsteinen. Minze waschen, trocken schütteln und die Blätter abzupfen. Sie werden fein gehackt.

3 Jetzt werden alle restlichen Zutaten, bis auf die Oliven und der Sesam, mit dem Grundteig vermischt. Den Brotteig gut durchkneten, bis der Teig elastisch erscheint. Jetzt die Oliven untermengen. Am warmen Standort zieht der Teigling circa 2 Stunden. Das Volumen sollte sich in etwa verdoppeln.

4 Teig zu einem oder zwei kleineren Laiben formen. Er wird nun mit dem Sesam bestreut. Blech einfetten und das Brot darauflegen. Erneut ruht der Teig, bis er etwa doppelt so groß geworden ist. Backofen auf 180 °C Ober-/Unterhitze einstellen. Das Olivenbrot backt letztendlich 45 Minuten.

FLAOUNES |

PIKANTES OSTERBROT

16 Port.

2 Std. 50 Min.

Leicht

Zutaten

500 g Halloumi (oder Feta)
500 g Weizenmehl
300 g Weizenvollkornmehl
75 g Sesamsamen
60 g Butter
35 g Rosinen
40 g Zucker
25 g Backpulver
16 g Trockenhefe
7 g frische Minze
7 g Salz
350 ml Milch
50 ml Wasser
5 Eier
1 TL Zitronensaft
1 Prise Mastix
1 Prise Mahlep

Küchenutensilien:
2 Töpfe
1 Sieb
1 Rührschüssel
1 Reibe
1 Schüssel
Backofen

Nährwerte p. P.

340 kcal
34 g Kohlenhydrate
16 g Fett
15 g Eiweiß

1 In einem kleinen Topf wird der Sesam mit 50 ml Wasser und dem Zitronensaft gekocht. Sie werden mit einem feinen Sieb abgeseiht und kühlen aus. Derweil Mastix, Mahlep und ein wenig Mehl in einer Schüssel vermengen. Im zweiten Topf wird die Butter zerlassen.

2 In der Rührschüssel die Gewürz-Mehl-Mischung mit dem Salz, 350 g Weizen- und dem Weizenvollkornmehl gut miteinander mischen. Die Flüssigbutter dazugeben und alles gut mischen.

3 Währenddessen werden 300 ml Milch mit 30 g Zucker im Topf erhitzt. Jetzt 11 g Hefe untermengen und abwarten, bis sich Gärbläschen bilden. Nun ein aufgeschlagenes Ei daruntermischen und alles in der Mehlschüssel vermengen. Der Teig sollte etwa 5 Minuten geknetet werden.

4 Teigmasse zu 6 Kugeln formen. Sie ruhen abgedeckt am warmen Standort etwa 30 Minuten.

5 Derweil Minze waschen, abtrocknen und fein hacken. Der Käse wird mittels Reibe fein geraspelt. In der zweiten Schüssel Minze und Käse mit dem übrigen Mehl, den Rosinen sowie dem Backpulver mischen.

6 Folglich werden 3 Eier aufgeschlagen. Die restliche Milch mit dem noch vorhandenen Zucker im Topf aufwärmen. Auch hier wird die restliche Hefe untergerührt. Wenn sich Gärbläschen bilden, werden die Eier untergemischt. Dieser Mix wird nun

mit der Käsefüllung gut vermengt.

7 Die Teigkugeln zu einem etwa 20 cm großen Kreis ausrollen. Mittig wird darin die Füllung platziert. Die Enden von allen Seiten zusammenklappen. Die Osterbrote werden nun mit der Oberseite in die Sesamsamen getaucht.

8 Die Flaounes ruhen nun abgedeckt nochmals 45 Minuten. Backofen auf 160 °C Umluft einstellen. Das letzte Ei aufschlagen und damit die Brötchen einpinseln. Sie backen etwa 45 - 50 Minuten im Ofen.

Tipp: Als Ersatz für das süß-fruchtige Gewürz Mahlep dient eine Mischung aus geriebener Tonkabohne, Vanille- und Zimtpulver.

KOULOURIA |

SESAMRINGE

10 Port.

3,5 Std.

Leicht

Zutaten

500 g Dinkelvollkornmehl
40 g griechischer Joghurt
15 g weiche Butter
10 g Ahornsirup
10 g Salz
7 g frische Hefe
270 ml Wasser
6 - 8 EL Sesamsamen

Küchenutensilien:
1 Schüssel
1 Teller
1 Küchentuch
1 Backblech
Backpapier
Backofen

Nährwerte p. P.

238 kcal
34 g Kohlenhydrate
7 g Fett
8 g Eiweiß

1 In einer Schüssel werden bis auf den Sesam alle Zutaten miteinander vermengt und geknetet. Es soll ein elastischer Teig entstehen. Der Teig ruht fortan für 90 Minuten zugedeckt an einem warmen Standort.

2 Den Teig nochmals kurz durchkneten. Er wird in 10 Teile getrennt. Diese zu einzelnen Kugeln formen. Die Teiglinge ruhen noch einmal 10 Minuten zugedeckt.

3 Auf einer bemehlten Arbeitsplatte werden die Teigkugeln separat zu circa 40 cm langen Teigrollen ausgeformt. Daraus wird jeweils ein "U" geformt. Jetzt entstehen daraus Ringe. Beide Stränge gilt es, zusammenzudrehen. Die Enden sollten gut miteinander zusammengedrückt werden.

4 Sesam auf einen Teller schütten. Auf den Arbeitstisch wird folglich ein nasses Küchentuch gelegt. Die Kringel landen kurz auf dem feuchten Untergrund und dann mit der angefeuchteten Seite im Sesam. Mit etwas Abstand werden die Sesamringe auf dem Backblech arrangiert. Sie ruhen nochmals zugedeckt 1 Stunde.

5 Backofen auf 200 °C Ober-/Unterhitze einstellen. Jetzt backen die Sesambrötchen in 18 - 20 Minuten aus, bis sie goldbraun erscheinen. Obacht bei dem Sesam, er soll nicht zu dunkel werden. Er darf gern abgedeckt werden.

Tipp: Damit das Loch während des Backens nicht verschwindet, eignen sich zusammengeknüllte Backpapierkugeln als Platzhalter. Am Ende werden diese einfach entnommen.

HELLIMLI BIDDA |

ZYPRIOTISCHES BAUERNBROT

16 Port.

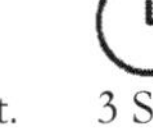
3 Std. 5 Min.

Leicht

Zutaten

450 g Vollkornmehl
200 g Schafskäse
15 g Zucker
10 g frische Hefe
10 g Sesam, geröstet
10 g Schwarzkümmel
180 ml Wasser
60 ml Milch
1 Zwiebel
2 TL Salz

Küchenutensilien:
1 Pfanne
1 Topf
1 Schüssel
1 Handrührgerät mit Knethaken
1 Backblech
Backpapier
Backofen

Nährwerte p. P.

123 kcal
18 g Kohlenhydrate
3 g Fett
6 g Eiweiß

1 Sesam in einer Pfanne ohne Fett rösten, bis ein duftendes Aroma entsteht. Nach etwa 2 - 4 Minuten unter stetem Rühren sollte er abkühlen.

2 Für den Teig werden erst einmal Milch, Wasser sowie der Zucker in einem Topf lauwarm erhitzt. Nun wird die Hefe hineingegeben. Sie soll sich komplett auflösen.

3 In einer großen Schüssel werden Salz und Mehl vermengt. Nun wird die Hefemilch angegossen und alles gut miteinander verrührt. Die Schüssel zieht folglich 20 Minuten zugedeckt im lediglich beleuchteten Backofen.

4 Derweil die Zwiebel schälen sowie zu feinen Würfeln verarbeiten. Den Feta zerbröseln.

5 Backofen auf 35 °C Ober-/Unterhitze aufwärmen. Mit dem Knethaken wird der Teig samt Zwiebeln, Sesam sowie Schwarzkümmel verrührt. Sobald ein homogener Teig entstanden ist, wird der Käse manuell eingeknetet. Den Teig zur Kugel formen. Er ruht etwa 60 - 70 Minuten im warmen Ofen.

6 Backofen auf 250 °C Ober-/Unterhitze vorheizen. Backpapier auf das Blech legen. Ohne weiteres Kneten den Teig auf das Blech geben. Das Brot backt auf der untersten Schiene nun 10 Minuten. Den Herd auf 170 °C Ober-/Unterhitze reduzieren. Nun backt es 50 weitere Minuten.

7 Das Blech auf der Mittelschiene ausrichten. Jetzt backt das Brot final 15 Minuten.

Tipp: Wer möchte, darf gern auch Olivenstücke oder Halloumi in den Grundteig einkneten. Wenn das Brot zu schnell braun wird, schützt Alufolie effektiv.

PSOMAKI PARADOSIAKOS |

TRADITIONELLE ZYPRIOTISCHE BRÖTCHEN

8 Port.

1,5 Std.

Leicht

Zutaten

1 kg Mehl
150 - 300 ml lauwarmes Wasser
2 EL Sesamsamen
2 EL Anissamen
1 EL Trockenhefe
¼ TL Salz
¼ TL Zucker
1 Prise Zimt
1 Prise Mastix (Harz der Mastix-Pistazienbäume)

Küchenutensilien:
2 Schüsseln
1 Sieb
1 Backblech
Backofen

Nährwerte p. P.

358 kcal
67 g Kohlenhydrate
3 g Fett
13 g Eiweiß

1 In einer Schüssel das gesiebte Mehl mit Zucker und Hefe vermengen. Jetzt das Wasser unter Kneten nach und nach dazugeben. Es soll ein weicher Teig entstehen. Dieser ruht zugedeckt für etwa 30 Minuten an einem warmen Ort.

2 Jetzt werden Zimt, Mastix und das Salz untergemischt. Den Teig gut durchkneten. Er ruht erneut circa 30 Minuten. Derweil werden in einer Schüssel die Samen vermengt.

3 Backofen auf 200 °C Ober-/Unterhitze vorheizen. Aus dem Teig Kugeln oder Baguettes formen. Das Brot mit der Oberseite in die Samenmischung drücken. Es wird auf dem Blech positioniert und backt circa 12 - 15 Minuten.

Hauptgerichte mit Fleisch

PASTITSIO |

NUDELAUFLAUF

4 Port.

1 Std. 5 Min.

Leicht

Zutaten

250 g Hackfleisch
250 g Makkaroni
100 g getrockneter Anari
50 g Mehl
500 ml Milch
50 ml Wasser
2 Eier
1 Zwiebel, klein
1 Bund Petersilie
2 EL Olivenöl
Je 1 Prise Salz & Pfeffer

Küchenutensilien:
2 Töpfe
1 Reibe
1 Pfanne
1 Sieb
1 Auflaufform
Backofen

Nährwerte p. P.

466 kcal
39 g Kohlenhydrate
23 g Fett
26 g Eiweiß

1 Anari mit einer Reibe raspeln. Zwiebel schälen und klein hacken. Petersilie waschen, trocken schütteln und danach hacken.

2 In einer Pfanne wird das Öl erhitzt. In diesem braten Zwiebeln und Hackfleisch an. Das Fleisch sollte goldbraun werden. Alles salzen, pfeffern und mit dem Wasser auffüllen. Jetzt soll die Flüssigkeit komplett verdampfen.

3 Derweil kochen die Makkaroni im Topf circa 7 Minuten bissfest. Sie tropfen im Sieb ab.

4 Nun werden die Eier in einem Kochtopf aufgeschlagen. Mehl einstreuen und die Milch nach und nach einrühren. Das Ganze köchelt auf mittlerer Hitze dickflüssig ein.

5 Die Hälfte der Makkaroni in die Form geben. Etwas Anari darüberstreuen. Jetzt wird alles mit der Hälfte der Soße übergossen. Hackfleischpfanne darauf positionieren und alles mit der Petersilie garnieren.

6 Backofen auf 180 °C Ober-/Unterhitze einstellen. Nun die zweite Hälfte Makkaroni sowie den restlichen Käse darauf arrangieren. Die übrige Soße darübergießen. Der Auflauf backt in etwa 40 Minuten goldbraun.

CHOIRINO KREAS ME PANTZARI |

ROTE-BETE-FLEISCH

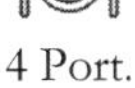
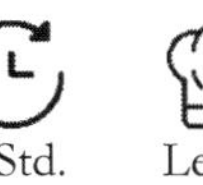

4 Port. | 1 Std. 20 Min. | Leicht

Zutaten

650 g Schweinefleisch (ohne Knochen)
350 g Rote Bete
175 ml Wasser
30 ml Olivenöl
2 Stangen Staudensellerie
Saft ½ Zitrone
½ TL Kreuzkümmel
Je 1 Prise Salz & Pfeffer

Küchenutensilien:
1 Bratpfanne
1 Kochtopf

Nährwerte p. P.

411 kcal
8 g Kohlenhydrate
25 g Fett
39 g Eiweiß

1 Fleisch waschen, abtupfen sowie zu mundgerechten Stücken schneiden. Eventuell muss es noch von Häutchen und Sehnen befreit werden.

2 In der Bratpfanne wird das Öl erhitzt. Das Fleisch brät darin goldbraun an und wird anschließend in den Kochtopf gegeben.

3 Rote Bete schälen und zu dünnen Scheiben zurechtschneiden. Sellerie schälen, waschen und würfeln. Beides kommt in den Topf. Jetzt die restlichen Zutaten gut unterrühren.

4 Auf mittlerer Stufe kocht der Topf halb zugedeckt etwa 1 Stunde, bis alles zart ist.

SYKOTI ME LEMONI KAI KIMINO | ZITRUSLEBER

4 Port.

35 Min.

Leicht

Zutaten

500 g Schweineleber
25 ml Olivenöl
2 Zwiebeln
Saft 1 Zitrone
½ TL Kreuzkümmel
1 Prise Salz

Küchenutensilien:
1 Kochtopf

Nährwerte p. P.

274 kcal
2 g Kohlenhydrate
19 g Fett
25 g Eiweiß

1 Zwiebeln schälen sowie zu Scheiben schneiden. Fleisch waschen, trocken tupfen und zu kleinen Stücken verarbeiten.

2 In einem Topf wird die Zwiebel im heißen Öl glasig angeschwitzt. Darin kocht die Leber nun etwa 20 Minuten. Die Zeit richtet sich danach, wenn die Flüssigkeit vollständig verdampft ist und die Leber goldbraun erscheint.

3 Die Gewürze untermischen und den Zitronensaft hineingießen. Das Ganze kocht nun noch einmal 3 - 5 Minuten fertig.

KLEFTIKO | OSTERLAMM

4 Port.

3,5 Std.

Leicht

Zutaten

1 kg Lammfleisch
250 g Tomaten
250 g gemischtes Hackfleisch
100 g Reis
1 Zwiebel
½ Bund Petersilie
Saft ½ Zitrone
2 EL Olivenöl
1 EL Meersalz
1 EL getrocknete Minze
½ TL gemahlener Zimt
½ TL Pfefferkörner

Küchenutensilien:
1 Pfanne
1 Bräter
Backofen

Nährwerte p. P.

524 kcal
12 g Kohlenhydrate
26 g Fett
62 g Eiweiß

1 Fleisch waschen, abtupfen und eventuell von möglichen Sehnen und Häuten befreien. Es wird danach sofort mit dem Meersalz eingerieben.

2 Zwiebel schälen sowie fein hacken. Tomaten waschen, den Stielansatz entfernen und diese klein schneiden. Petersilie waschen, trocken schütteln und die Blätter klein hacken.

3 In der Pfanne erst das Öl erhitzen. Folglich schwitzen die Zwiebeln glasig an. Das Hackfleisch hinzugeben und alles gut mischen. Jetzt wird mit Pfeffer, Zimt und Minze gewürzt.

4 Nun werden Reis, Tomaten, Petersilie und der Zitronensaft untergemengt. Alles gut mischen und 5 Minuten köcheln lassen.

5 Backofen auf 180 °C Ober-/Unterhitze aufheizen. Die Hackfleischreispfanne in einen Bräter geben. Das Ganze mit dem Wasser auffüllen. Dazu wird das Lammfleisch on top platziert.

6 Zugedeckt brät das Ganze nun 3 Stunden. Final brät das Lamm ohne Deckel noch weiter, bis es goldbraun erscheint.

AFELIA |

ZYPRIOTISCHER SCHWEINEGULASCH

4 Port. 45 Min. Leicht

Zutaten

2 kg Schweinefleisch (Schulter oder Bauchlappen)
200 ml trockener Rotwein
150 ml Olivenöl
2 Lorbeerblätter
1 EL Koriandersamen (getrocknet + zerstoßen)
Je 1 Prise Salz & Pfeffer

Küchenutensilien:
1 Schüssel
1 Pfanne mit Deckel
1 Sieb

Nährwerte p. P.

860 kcal
1 g Kohlenhydrate
58 g Fett
86 g Eiweiß

1 Fleisch abspülen sowie abtupfen. Es wird von möglichen Sehnen und Häutchen befreit sowie zu Würfeln geschnitten.

2 In einer Schüssel wird aus der Hälfte des Weins, etwa einem Drittel des Öls sowie Salz, Pfeffer und Koriandersamen eine Marinade gezaubert. Darin ziehen die Fleischstücke etwa 30 Minuten durch.

3 In der Pfanne das übrige Öl erhitzen. Derweil tropfen die Fleischstücke im Sieb ab. Im heißen Olivenöl braten die Fleischwürfel 1 - 2 Minuten scharf an. Temperatur zurückdrehen und die Lorbeerblätter hineingeben. Sie verbleiben in der Pfanne, bis sie goldbraun und knusprig sind.

4 Öl abschütten. Marinade sowie restlichen Wein angießen. Zugedeckt gart das Ganze auf niedriger Stufe etwa 20 Minuten, bis das Fleisch zart ist. Eventuell Wasser angießen.

SHEFTALIA |

ZYPRIOTISCHE HACKWÜRSTE

4 Port.

50 Min.

Leicht

Zutaten

800 g Schweinehackfleisch (möglichst mager)
200 ml Wasser
50 ml Essig
1 Zwiebel
½ Bund Petersilie
2 - 3 EL Semmelbrösel
½ TL Zimt
Je 1 Prise Salz & Pfeffer

Küchenutensilien:
1 Fettnetz (Schwein oder Lamm)
1 Schüssel
1 Backblech
Backofen

Nährwerte p. P.

319 kcal
2 g Kohlenhydrate
20 g Fett
34 g Eiweiß

1 Fettnetz in 200 ml Wasser und dem Essig einweichen. Zwiebel schälen. Petersilie waschen und trocken schütteln. Beides wird fein gehackt.

2 In einer Schüssel Hackfleisch mit den Gewürzen, Semmelbröseln und den in Schritt 2 zubereiteten Zutaten vermengen. Der Teig zieht nun 5 Minuten.

3 Backofen auf Grillfunktion 160 °C vorheizen. Die Masse wird zu Würsten geformt. Die einzelnen Hackwürste mit Abschnitten des Fettnetzes komplett umhüllen.

4 Die Sheftalia landen auf dem Blech und garen in 18 - 20 Minuten durch. Dabei sollten sie regelmäßig gewendet werden. Sie werden am besten zu Pitabrot serviert.

STIFADO

RINDERSCHMORTOPF

8 Port. 2 Std. Leicht

Zutaten

1,5 kg Rindfleisch (möglichst mager)
1,2 kg gehackte Tomaten (Dose)
100 ml Olivenöl
4 Knoblauchzehen
3 Zimtstangen
2 Schalotten
2 Lorbeerblätter
2 Sternanis (oder 2 TL Fenchelsamen)
5 EL Rotweinessig
1 TL Nelken
Je 1 Prise Salz & Pfeffer

Küchenutensilien:
1 Kochtopf mit Deckel

Nährwerte p. P.

520 kcal
6 g Kohlenhydrate
38 g Fett
39 g Eiweiß

1 Fleisch abspülen sowie trocken tupfen. Es wird zu Würfeln geschnitten. Schalotten schälen. Knoblauch schälen und fein hacken.

2 In einem Topf das Fleisch portionsweise im heißen Öl anbräunen. Schalotten dazugeben und in etwa 4 - 6 Minuten goldbraun, karamellisiert mitbraten.

3 Knoblauch und Gewürze untermischen. Nach 2 - 3 Minuten den Essig und anschließend die Tomaten in den Topf geben. Alles gut verrühren.

4 Topfinhalt mit dem Wasser auffüllen. Zugedeckt schmort der Topf nun 1 ½ bis 1 ¾ Stunden bei geringer Hitze. Das Fleisch sollte zart, die Soße sämig gebunden sein.

LOUNTZA |

SCHWEINEBRATEN

4 Port.

8 Tage

Leicht

Zutaten

700 ml trockener Rotwein (1 Flasche)
1 Schweinelende
4 EL Koriandersamen
2 EL Kreuzkümmelsamen
Je 1 Prise Salz & Pfeffer

Küchenutensilien:
1 Schüssel
1 Glasschüssel mit Deckel
1 Sieb
Mörser & Stößel

Nährwerte p. P.

342 kcal
1 g Kohlenhydrate
18 g Fett
45 g Eiweiß

1 Fleisch abspülen und abtupfen. Es sollte von Häutchen und Sehnen befreit werden.

2 Im Mörser die Samen zerstoßen. In einer kleinen Schüssel werden Salz, Pfeffer und die zerstoßenen Gewürze vermischt. Mit der Hälfte davon wird die Lende eingerieben.

3 Das Schweinefleisch in eine Glasschüssel legen. Jetzt wird mit dem Rotwein aufgefüllt. Den Deckel aufsetzen und folglich mariniert das Fleisch 8 Tage im Kühlschrank. Es sollte täglich gewendet werden.

4 Nach 8 Tagen tropft das Fleisch im Sieb ab. Jetzt wird es mit den restlichen Gewürzen eingerieben. Nun trocknet das Fleisch mindestens 8 Stunden entweder in der Sonne oder an einem sehr gut belüfteten Standort.

5 Vor der Weiterverarbeitung die Schweinelende aufschneiden. Sie wird entweder roh, gebraten oder gegrillt gegessen.

KASTIKAKI |

GEBRATENES ZICKLEIN

10 Port. 2,5 Std. Mittel

Zutaten

3 kg Ziegenfleisch
400 ml Wasser (oder Brühe)
10 Kartoffeln
3 Tomaten
2 Lorbeerblätter
2 Rosmarinzweige
1 Zwiebel
1 Oreganozweig
2 EL Cognac
Je ½ TL Salz & Pfeffer

Küchenutensilien:
1 Schüssel
1 Bräter (oder Tontopf)
Backofen

Nährwerte p. P.

799 kcal
13 g Kohlenhydrate
41 g Fett
95 g Eiweiß

1 Fleisch abspülen sowie trocken tupfen. Es wird notfalls von Sehnen und Häutchen befreit. Tomaten waschen, den Blütenansatz entfernen und zwei davon ganz klein schneiden, eine zu Scheiben verarbeiten. Zwiebel schälen sowie vierteln.

2 Rosmarin und Oregano waschen, trocken schütteln und Nadeln zupfen beziehungsweise Blätter abtrennen. In einer kleinen Schüssel werden diese mit den Gewürzen vermischt.

3 Kartoffeln schälen, waschen und halbieren. Sie werden mit der Gewürzmischung eingerieben und finden samt Lorbeerblättern ihren Platz im Bräter. Die klein geschnittene Tomate darübergeben. On top wird das Ziegenfleisch arrangiert.

4 Backofen auf 200 °C Ober-/Unterhitze einstellen. Das Ganze mit Cognac und 200 ml Wasser aufgießen. Anschließend Zwiebeln dazugeben und die Tomatenscheiben auf dem Fleisch positionieren. Das Zicklein gart in Stücken etwa 1,5 Stunden, im Ganzen circa 2 Stunden. Dabei regelmäßig nachsehen, damit das restliche Wasser rechtzeitig hinzugefügt wird.

Hauptspeisen mit Fisch & Meeresfrüchten

OKTAPODI STI SCHARA |

GEGRILLTER TINTENFISCH

4 Port. 35 Min. Leicht

Zutaten

1 kg Tintenfisch
1 EL Pflanzenöl
1 EL getrockneter Oregano
Je 1 Prise Salz & Pfeffer

Küchenutensilien:
1 Schmortopf
1 Schüssel
Backofen

1 Oktopus waschen und trocknen. Er landet in einem Schmortopf und köchelt bei mittlerer Temperatur bei geschlossenem Deckel, bis alle seine Flüssigkeiten verdampft sind. Das sollte in 20 - 25 Minuten geschehen.

2 Backofen auf der 160 °C Grillstufe aufheizen. Tintenfisch zu mundgerechten Stücken zerschneiden. Er grillt nun etwa 5 - 7 Minuten, bis er Farbe annimmt.

3 Nun wird er in einer Schüssel mit Öl und den Gewürzen geschwenkt. Vor dem Servieren wird der Snack mit Oregano bestreut.

Nährwerte p. P.

314 kcal
8 g Kohlenhydrate
4 g Fett
62 g Eiweiß

PSARI VOTANA |

KRÄUTERFISCH

4 Port.

1 Std.

Leicht

Zutaten

1 kg Fisch (bspw. Wolfsbarsch, Meerbrasse)
4 EL Olivenöl
2 EL Essig (oder Zitronensaft)
Je ½ TL getrockneter Oregano, Thymian & Basilikum
1 Prise Pfeffer

Küchenutensilien:
2 Schüsseln
1 Topf
1 Pfanne
Backofen

Nährwerte p. P.

382 kcal
1 g Kohlenhydrate
24 g Fett
42 g Eiweiß

1 Fisch unter kaltem Wasser säubern und trocken tupfen. Eventuell muss er noch ausgenommen werden. In einem Topf brät der Fisch in 2 EL Öl von jeder Seite circa 2 - 3 Minuten scharf an.

2 Topf vom Herd nehmen. Die Flüssigkeit wird abgegossen. Aus den restlichen Zutaten wird in einer Schüssel ein Dressing gemischt. Der Fisch mariniert darin etwa 30 Minuten.

3 Backofen auf 100 °C einstellen. In eine Schüssel wird das Wasser gegeben. Es wird in den Ofen gestellt. Der Fisch gart nun ohne zusätzliches Fett langsam in circa 15 Minuten.

SOUFLAKI KARAOLOI |

SCHNECKENSPIEẞ

4 Port.

40 Min.

Leicht

Zutaten

500 g Schnecken
50 g Vollkornmehl
300 ml Wasser
50 ml Olivenöl
1 frischer Rosmarinzweig
Saft ½ Zitrone
2 EL Essig
2 TL Salz

Küchenutensilien:
4 - 8 Holzspieße
1 Topf
1 Schaumlöffel
1 Pfanne

1 Schnecken gründlich säubern. Sie kochen im Topf mit Wasser, Essig und Salz circa 2 - 3 Minuten. Der Schaum sollte mit dem Schaumlöffel abgeseiht werden. Sie müssen anschließend nochmals gewaschen werden. Dieser Arbeitsschritt wird wiederholt, bis kein Schaum entsteht. Wenn noch nötig, werden die Schnecken aus dem Haus gezogen.

2 Die Schnecken werden auf die Holzspieße gesteckt. Die Spieße im Mehl wälzen.

3 In einer Pfanne das Öl erhitzen. Die Schneckenspieße braten darin 5 - 8 Minuten goldbraun an. Die übrigen Zutaten hinzufügen. Alles köchelt weitere 5 Minuten.

Nährwerte p. P.

284 kcal
1 g Kohlenhydrate
20 g Fett
27 g Eiweiß

PSARI STO FOURNO ME TOMATA | TOMATENBRASSE

4 Port.

1 Std. 10 Min.

Leicht

Zutaten

2 kg Tomaten
1,5 kg Fisch (bspw. Meerbrasse oder Dorade)
50 ml Olivenöl
1 Zwiebel

Küchenutensilien:
1 Topf
1 Pfanne
1 Bräter
Backofen

Nährwerte p. P.

583 kcal
13 g Kohlenhydrate
29 g Fett
67 g Eiweiß

1 Tomaten waschen und kreuzweise einschneiden. Sie werden im Kochtopf mit heißem Wasser übergossen. Nach 1 - 2 Minuten das Fruchtgemüse abschrecken und deren Haut leicht abziehen. Die Tomaten werden zu kleinen Stücken geschnitten.

2 Zwiebel schälen, fein hacken und in der großen Pfanne im heißen Öl auf mittlerer Stufe glasig anschwitzen. Tomaten dazugeben. Alles köchelt, bis die Flüssigkeit verdampft und eine dickflüssige Soße entstanden ist.

3 Backofen auf 180 °C Ober-/Unterhitze aufheizen. Den Fisch waschen sowie trocken tupfen. Eventuell muss er noch ausgenommen werden.

4 Den Tomatensugo in den Bräter geben. Den Fisch als Ganzes on top legen und den Deckel auflegen. Das Ganze gart in circa 45 Minuten.

Tipp: Der Fisch kann vor dem Einlegen in dem Bräter auch komplett gesalzen und mit Kräutern oder Zitrone gefüllt werden.

PSARI SE ASIMOCHARTO ME CHALLOUMI |

HALLOUMI-FOLIENFISCH

4 Port.

1 Std.

Leicht

Zutaten

250 g Kirschtomaten
200 g Halloumi
4 Fischfilets
2 Zucchini
2 Zwiebeln
2 Knoblauchzehen
1 Zitrone
3 EL Olivenöl
Je 1 Prise Salz, Pfeffer & Chilipulver

Küchenutensilien:
1 Backblech
Alufolie
Backofen

Nährwerte p. P.

504 kcal
3 g Kohlenhydrate
33 g Fett
52 g Eiweiß

1 Fisch abspülen, trocken tupfen und mit dem ausgepressten Saft der Zitrone einreiben. Er wird mit den Gewürzen veredelt und auf Alufolie gelegt. Das Päckchen landet auf dem Backblech.

2 Zwiebel und Knoblauch schälen sowie zu Scheiben schneiden. Tomaten waschen sowie halbieren. Zucchini putzen sowie zu Scheiben schneiden. Halloumi würfeln und mit den anderen gerade vorbereiteten Gemüsezutaten auf dem Fisch arrangieren.

3 Backofen auf 200 °C Umluft einstellen. Das Ganze mit Olivenöl beträufeln und die Folie schließen. Der Fisch backt nun circa 30 Minuten im Ofen.

OKTAPODI KRASATO | WEINTINTENFISCH

4 Port. | 1 Std. 20 Min. | Leicht

Zutaten

1 kg Oktopus (richtig frisch)
200 ml Rotwein
100 ml Commandaria (oder anderer Dessertwein)
100 ml Olivenöl
Schale 1 Orange
1 Zimtstange
1 Lorbeerblatt

Küchenutensilien:
1 Küchentuch
1 Fleischklopfer
1 Schmortopf

Nährwerte p. P.

460 kcal
6 g Kohlenhydrate
28 g Fett
46 g Eiweiß

1 Oktopus gründlich abspülen und in ein Tuch wickeln. Etwa 3 - 5 Minuten sollte er mit dem Fleischklopfer weich geschlagen werden. Tiefgefrorene Exemplare bitte nicht mehr weich klopfen.

2 Jetzt wird der Oktopus zu circa 5 cm langen Stücken geschnitten. In einem Schmortopf landet er mit allen anderen Zutaten.

3 Bei höchstens mittlerer Temperatur köchelt der Tintenfisch bei halb geschlossenem Deckel etwa 1 Stunde.

Tipp: Lässt sich ein Holzspieß problemlos und ohne viel Kraftaufwand in den Oktopus hineinstecken und herausziehen, ist das Oktopusfleisch fertig. Auf dem Grill verkürzt sich die Garzeit. Ein großer Oktopus lässt sich auch vorher klein schneiden.

Vegetarische Hauptgerichte

PIPERI ME CHALLOUMI

PAPRIKASCHOTE MIT HALLOUMI

4 Port.

45 Min.

Leicht

Zutaten

250 g Halloumi
4 rote Paprika
4 Sardellenfilets (in Öl eingelegt)
½ Bund Basilikum
2 EL grüne Oliven (entsteint)
2 EL dunkler Balsamessig
2 TL Olivenöl
1 Prise Pfeffer

Küchenutensilien:
1 Backblech
1 Sieb
Küchengarn
Backpapier
Backofen

Nährwerte p. P.

364 kcal
7 g Kohlenhydrate
28 g Fett
20 g Eiweiß

1 Backofen auf 250 °C Ober-/Unterhitze aufheizen. Paprika waschen, halbieren sowie deren weiße Häutchen und Kerne herauslösen.

2 Ein Backblech mit Backpapier auslegen und die Paprika auf die Schnittkante legen. Sie gart so lange, bis die Haut Blasen bildet und leicht schwarz wird. Paprika aus dem Ofen nehmen und unter einem feuchten Küchentuch abkühlen. Folglich wird die Haut abgezogen.

3 Backofen auf 150 °C Grillstufe einstellen. Käse zu circa 2 cm breiten Streifen schneiden. Basilikum abspülen, trocknen sowie dessen Blätter abziehen. Oliven zu Ringen schneiden. Die Sardellen im Sieb abtropfen.

4 Auf die Paprika wird nun je ein Käsestreifen gelegt. Olivenringe, Sardellen sowie Basilikumblätter on top geben. Das Ganze pfeffern sowie mit dem Essig beträufeln. Jetzt werden je zwei Paprikahälften zusammengeklappt und mit Küchengarn fixiert. Sie grillen 6 Minuten im Ofen.

5 Küchengarn vorsichtig abschneiden und das Paprikasandwich auf dem Teller anrichten. Die Speise wird vor dem Servieren mit Olivenöl beträufelt.

GIOUVETSI |

SCHMORNUDELN

4 Port. 40 Min. Leicht

Zutaten

500 g Kritharaki (Reisnudeln)
50 g Halloumi
500 - 750 ml Wasser
250 ml passierte Tomaten
125 ml Olivenöl
1 Zwiebel
1 Fleischtomate
½ TL getrocknete Minze
Je 1 Prise Salz & Pfeffer

Küchenutensilien:
1 Kochtopf
1 Reibe

Nährwerte p. P.

605 kcal
82 g Kohlenhydrate
28 g Fett
8 g Eiweiß

1 Zwiebel schälen und in einem Kochtopf mit dem Öl andünsten. Jetzt werden die Kritharaki dazugegeben.

2 Tomate waschen, halbieren und die Blüte entfernen. Sie wird dann klein gehackt und dem Topf untergemengt.

3 Die passierten Tomaten angießen und alles mit dem Wasser auffüllen. Bei mittlerer Hitze sollten nach etwa 22 - 25 Minuten die Flüssigkeit verdampft und die Nudeln gar sein.

4 Jetzt wird mit den Gewürzen sowie der Minze abgeschmeckt. Halloumi reiben und on top streuen.

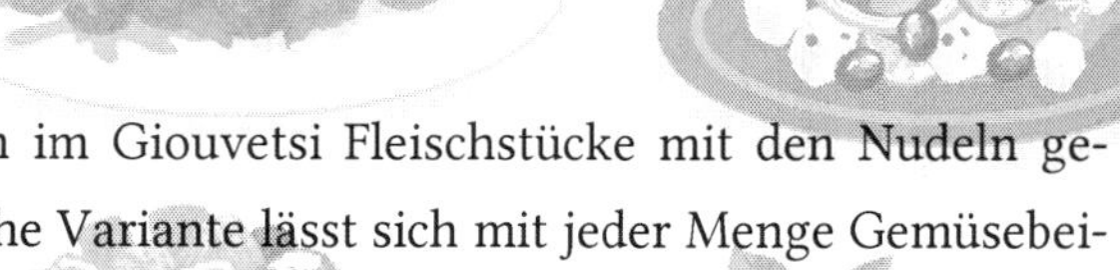

Tipp: Traditionell werden im Giouvetsi Fleischstücke mit den Nudeln geschmort. Diese vegetarische Variante lässt sich mit jeder Menge Gemüsebeilagen nochmals individualisieren.

KOLOKITHOKEFTEDES |

ZUCCHINI-PUFFER

4 Port. 40 Min. Leicht

Zutaten

600 g Zucchini
200 g Weizenvollkornmehl
4 Eier
1 Zwiebel
Saft 1 Zitrone
2 EL Olivenöl
Je2 EL gehackte Pfefferminze, Zitronenmelisse & Petersilie
Je 1 Prise Salz & Pfeffer

Küchenutensilien:
1 Küchentuch
1 große Schüssel
1 Pfanne

Nährwerte p. P.

345 kcal
34 g Kohlenhydrate
16 g Fett
14 g Eiweiß

1 Zucchini ordentlich putzen, aber nicht schälen. Zwiebel schälen. Beides wird mit der Reibe fein geraspelt. Das Ganze im Küchentuch ausdrücken. Alles in eine Schüssel geben und mit dem Zitronensaft beträufeln.

2 Nun werden die aufgeschlagenen Eier sowie das Mehl mit dem Schüsselinhalt vermengt. Die Gewürze sowie Kräuter hinzufügen. Alles zieht etwa 5 Minuten durch.

3 In einer Pfanne wird mit jeweils ½ EL Öl pro Portion die Puffermasse etwa 3 - 5 Minuten je Seite goldbraun gebacken.

BAKLAVAS ME ANARI |
GEFÜLLTE FILOTEIGTASCHEN

10 Port. 30 Min. Leicht

Zutaten

500 g Filoteig
250 g Honig (500 ml Sirup)
150 g Rohrzucker
100 g frische Sahne
100 g geschmolzene Butter
4 EL Pflanzenöl
2 EL Rosenwasser
1 TL Zimt

Küchenutensilien:
1 Schüssel
1 Pfanne

1 In einer Schüssel werden Käse sowie Sahne verschlagen. Rosenwasser, Zimt und Zucker daruntermischen.

2 Filoteig zu 7 cm großen Quadraten zuschneiden. Pro Teigtasche werden nun jeweils drei Filo-Quadrate verwendet. Auf der Arbeitsplatte ein Quadrat positionieren. Dieses mit Butter bestreichen und das zweite auflegen. Mit dem dritten Quadrat ebenso verfahren.

3 Auf jede Teigtasche 1 EL Käsemischung geben und die Quadrate zu Dreiecken falten.

4 Pfanne auf Temperatur bringen. Im Öl braten die Filoteigtaschen in circa 4 - 6 Minuten von jeder Seite goldbraun.

5 Vor dem Servieren mit dem Honig beträufeln.

Nährwerte p. P.

492 kcal
50 g Kohlenhydrate
30 g Fett
6 g Eiweiß

Tipp: Alternativ frittieren die Filoteigtaschen 2 - 3 Minuten im Topf in 500 ml heißem Frittieröl.

SPANAKOPITA |

SPINATPASTETE

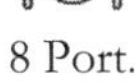

8 Port.

1 Std.
45 Min.

Leicht

Zutaten

500 g Spinat
500 g Vollkornmehl
200 g Feta
275 ml Milch
150 ml Pflanzenöl
1 Bund Frühlingszwiebeln
3 EL Olivenöl
3 TL Backpulver

Küchenutensilien:
1 Pfanne
1 Schüssel
1 Topf
1 Backblech
Backofen

Nährwerte p. P.

494 kcal
43 g Kohlenhydrate
28 g Fett
14 g Eiweiß

1 Spinat waschen, trocknen sowie grob zerschneiden. Feta zerbröseln. Frühlingszwiebeln putzen, grob schneiden sowie im Olivenöl in der Pfanne anbraten. Spinat hinzugeben. Er gart mit, bis er zerfällt. Nun die Pfanne vom Herd nehmen. Der Pfanneninhalt kühlt ab.

2 In einer Schüssel wird das Pflanzenöl mit dem Mehl vermengt. Alles gut durchrühren.

3 Milch im Topf lauwarm aufwärmen und dahinein das Backpulver unterrühren. Wenn der Milchtopf langsam schäumt, wird der Inhalt mit dem öligen Mehl vermischt. So lange durchkneten, bis ein weicher Teig entsteht.

4 Eine Hälfte des Teiges ausrollen und damit das Blech auslegen. Spinat als Füllung darauf arrangieren. Der Fetakäse in kleinen Krümeln findet nun auf dem abgekühlten Spinat seinen Platz.

5 Backofen auf 180 °C Ober-/Unterhitze aufheizen. Den restlichen Teig ausrollen und das Blech damit abdecken. Im Ofen gart das Ganze nun noch etwa 1 Stunde.

OMELETA LAIKANATA |

HERZHAFTES OMELETT

4 Port. 30 Min. Leicht

Zutaten

200 g Halloumi
150 g Mehl
200 ml Wasser
10 grüne Spargelstangen
3 Eier
1 Zwiebel
1 Minzstängel
3 EL Olivenöl
1 EL Mehl
1 Prise Salz

Küchenutensilien:
1 Schüssel
1 Schneebesen
1 Pfanne
1 (Pizza-)Blech
Backofen

Nährwerte p. P.

453 kcal
25 g Kohlenhydrate
30 g Fett
20 g Eiweiß

1 Halloumi zu kleinen Würfeln schneiden. Zwiebel schälen sowie hacken. Spargel schälen sowie die festen Enden unten abschneiden. Die oberen Drittel des Spargels trennen, die unteren zwei Drittel klein schneiden. Minze waschen, abtrocknen sowie grob zerreißen.

2 In einer Schüssel werden das Mehl, Salz und die aufgeschlagenen Eier mit dem Wasser gut vermischt. Mittels Schneebesen wird ein homogener Teig erzeugt.

3 Backofen auf 180 °C Ober-/Unterhitze aufheizen. Nun schwitzen die Zwiebeln in einer Pfanne in 2 EL heißem Öl an. Sie sollen nicht zu dunkel werden.

4 Pizzablech mit dem restlichen Öl einreiben und mit 1 EL Mehl bestäuben. Der Teig wird darauf aufgezogen und verteilt. Minze und Halloumi on top geben. Das Ganze bräunt leicht an und backt etwa 12 – 15 Minuten fertig.

TIROPITA ME FILLO BAKLAVA |

HALLOUMISTRUDEL

12 Port.

1,5 Std.

Mittel

Zutaten

500 g Filoteig
250 g Halloumi
100 g Butter
750 ml Milch
4 Eier
2 EL gehackte Minzblätter

Küchenutensilien:
2 Schüsseln
1 Reibe
1 Topf
1 Backblech
Backofen

Nährwerte p. P.

356 kcal
19 g Kohlenhydrate
27 g Fett
11 g Eiweiß

1 Den Halloumi mit der Reibe in eine Schüssel raspeln. Darunter wird die Hälfte der Minzblätter gemengt. Im Topf schmilzt die Butter.

2 Backblech mit der Flüssigbutter einfetten. Die erste Schicht Filoteig auf das Blech legen. Der Teig wird ebenfalls mit der Butter bestrichen. So wird mit der Hälfte der Filoteigblätter verfahren. Sie darf in mehreren Schichten aufgetragen werden.

3 Jetzt wird der Halloumi auf dem Teig verteilt. Jetzt werden die restlichen Filoteigplatten on top gegeben. Die Flüssigbutter müsste für ein letztes Bestreichen reichen. Den Strudel in 24 Stücke schneiden.

4 Backofen auf 180 °C Ober-/Unterhitze vorbereiten. In der zweiten Schüssel Milch, aufgeschlagene Eier und die restliche Minze gut verrühren. Damit wird der Strudel übergossen.

5 Der Halloumistrudel backt nun noch 1 Stunde im Ofen.

TARTA ME KREMIDIA KAI ANARI |

ZWIEBELTARTE

6 Port.

1 Std. 40 Min.

Leicht

Zutaten

500 g rote Zwiebeln
350 g gesalzener Anari
300 g Mehl
30 g Speisestärke
300 ml Milch
3 Eier
½ Bund Basilikum
5 EL Olivenöl
2 EL Wasser
1 EL Essig
1 TL Backpulver
1 Prise Salz

Küchenutensilien:
3 Schüsseln
1 Ofenform (etwa 25 cm Durchmesser)
Backofen

Nährwerte p. P.

474 kcal
40 g Kohlenhydrate
27 g Fett
16 g Eiweiß

1 In einer Schüssel Mehl, 1 Prise Salz und das Backpulver gut vermengen. Essig und 3 EL Öl dazugeben und rühren. Mit dem Wasser den Teig durchkneten und in eine runde Ofenform geben. Der Teig soll Boden wie Seiten bedecken.

2 Zwiebel schälen und zu dünnen Scheiben verarbeiten. Basilikum waschen, trocknen und fein hacken. Anari zu Würfeln zurechtschneiden.

3 In der zweiten Schüssel werden das restliche Öl, die Zwiebeln sowie das Basilikum vermischt. Jetzt wird der klein gewürfelte Anari untergemischt. Die Füllung gleichmäßig auf dem Teigboden verteilen.

4 Backofen auf 160 °C Umluft einstellen. In der dritten Schüssel werden die aufgeschlagenen Eier mit der Milch und der Stärke gemischt. Damit wird die Tarte übergossen. Das Ganze backt nun etwa 75 Minuten im Ofen.

CHALLOUMI AFELIA |

HALLOUMI-GESCHNETZELTES

4 Port.

40 Min.

Leicht

Zutaten

750 g Chinakohl
500 g Halloumi
250 g Champignons
300 ml halbtrockener Weißwein
Je 2 rote & grüne Paprika
2 Zwiebeln
2 Knoblauchzehen
2 Thymianstiele
1 Rosmarinzweig
1 Stück Ingwer (3 cm groß)
5 EL Öl
2 EL Speisestärke
1 EL Wasser
Je 1 TL Salz & Pfeffer

Küchenutensilien:
1 Pfanne
1 Schüssel

Nährwerte p. P.

590 kcal
11 g Kohlenhydrate
42 g Fett
30 g Eiweiß

1 Halloumi waschen, abtupfen sowie zu Streifen verarbeiten. Ingwer schälen sowie fein hacken. Zwiebeln und Knoblauch schälen sowie ebenfalls fein hacken.

2 Kohl putzen, halbieren und zu Streifen verarbeiten. Paprika putzen, halbieren und von Kernen befreien. Sie werden grob gewürfelt. Pilze putzen sowie klein schneiden.

3 In der Pfanne erhitzen 2 EL Öl. Darin braten die Käsestreifen etwa 5 - 7 Minuten braun an. Halloumi herausnehmen. Noch 1 EL Öl hinzugeben und den Kohl bei stetem Rühren anbraten. Nun nochmals 1 EL Öl für die Paprika und Pilze eingießen. Sie braten etwa 5 Minuten an.

4 Die Pfanne leeren. Im restlichen Öl dünsten Zwiebel, Knoblauch und Ingwer glasig an. Nun alle Gemüsezutaten und die Pilze wieder für 5 Minuten in die Pfanne geben.

5 Wein angießen und weitere 5 Minuten dünsten. Derweil wird die Stärke in einer Schüssel mit 1 EL Wasser verrührt. Den Inhalt in der Pfanne unterrühren. Alles salzen und pfeffern.

6 Halloumi hinzufügen. Das Ganze wird noch einmal erhitzt. Kräuter waschen, trocknen und die Blätter abzupfen. Sie werden klein zerrissen und über die Speise gegeben.

Vegane Hauptgerichte

MANITARIA AFELIA |

WEINPILZE

4 Port.

25 Min.

Leicht

Zutaten

500 g Pilze
150 ml Rotwein
1 Zwiebel
3 EL Olivenöl
1 TL Koriandersamen
Je 1 Prise Salz & Pfeffer

Küchenutensilien:
1 Pfanne
Mörser & Stößel

Nährwerte p. P.

140 kcal
1 g Kohlenhydrate
13 g Fett
3 g Eiweiß

1 Pilze putzen, verlesen sowie zu größeren Stücken schneiden. Zwiebel schälen und klein hacken. Koriander im Mörser zerstoßen.

2 In der Pfanne dünsten die Zwiebeln im warmen Öl an. Wenn sie weich werden, Pilze hinzugeben. Auf mittlerer Stufe gart das Ganze, bis alle Flüssigkeit verdampft ist.

3 Wein angießen. Die Pilzpfanne wird nun gewürzt. Das Ganze köchelt ein, bis eine dicke Soße entsteht.

BAMIES ME KAISCHIA |

APRIKOSEN-OKRASCHOTEN

4 Port.

1 Std. 50 Min.

Leicht

Zutaten

500 g Okraschoten
500 g Tomaten
8 Aprikosen (getrocknet)
1 Zwiebel
2 EL Essig
2 EL Olivenöl
1 EL Salz
1 TL frisch gemahlener Pfeffer

Küchenutensilien:
1 Topf
Backofen

Nährwerte p. P.

291 kcal
38 g Kohlenhydrate
11 g Fett
6 g Eiweiß

1 Backofen auf 70 °C Ober-/Unterhitze einstellen. Okraschoten putzen. Deren Stiele herausschneiden, die Schote soll ganz bleiben. In einer Schüssel werden Salz und Essig miteinander vermengt. Darin werden die Schoten nacheinander kurz eingelegt. Auf dem Blech trocknen die Schoten nun 1 Stunde.

2 Zwiebel schälen sowie zu Scheiben verarbeiten. Tomaten waschen, Blütenansatz entfernen und das Fruchtgemüse zu Stücken schneiden.

3 Im Topf das Öl erhitzen und die Zwiebeln glasig anschwitzen. Darin braten die Okraschoten jetzt 3 - 5 Minuten an. Dabei gelegentlich umrühren, es soll nichts am Boden anbrennen.

4 Tomaten sowie Aprikosen hinzufügen. Die Aprikosen dürfen gern halbiert oder geviertelt werden. Alles mit Pfeffer abschmecken und anschließend bei mittlerer Hitze 30 Minuten ohne Rühren garen.

POURGOURI ME ANTHONS |

ZUCCHINIBLÜTEN AUF BULGUR

 4 Port.  40 Min.  Leicht

Zutaten

400 g Bulgur
200 g Reis
600 ml Wasser
20 Zucchiniblüten
1 Zwiebel
2 EL Olivenöl
1 EL Tomatenmark
½ TL frisch gemahlener weißer Pfeffer
½ TL frisch gemahlener Zimt
1 Prise Salz

Küchenutensilien:
1 Topf mit großem Durchmesser (bspw. Schmortopf)
1 Teller

Nährwerte p. P.

516 kcal
90 g Kohlenhydrate
9 g Fett
14 g Eiweiß

1 Zucchiniblüten waschen und von den Stielen befreien. Zwiebel schälen sowie fein hacken. In einem Topf wird erst das Öl erhitzt. Dann schwitzen die Zwiebeln an.

2 Sämtliche andere Zutaten werden dazugegeben und gut miteinander vermengt. Nachdem alles etwa 5 Minuten bei mittlerer Hitze köchelt, die Zucchiniblüten im Kreis, mit den Blüten nach außen, am Rand des Topfes anordnen.

3 Mit einem Teller wird der Topfinhalt nun beschwert. Alles köchelt 10 Minuten. Vor dem Servieren die Speise weitere 10 Minuten ziehen lassen. Final den Teller entfernen.

SPANAKORIZO |

SPINATREIS

4 Port. 40 Min. Leicht

Zutaten

500 g frischer Spinat
200 g Reis
400 ml Wasser
2 Zwiebeln
Saft 1 Zitrone
3 EL Olivenöl
2 EL Fenchel
1 Prise Salz

Küchenutensilien:
1 Sieb
1 Pfanne
1 Küchentuch

Nährwerte p. P.

327 kcal
27 g Kohlenhydrate
21 g Fett
7 g Eiweiß

1 Reis waschen. Er tropft im Sieb ab. Spinat waschen, trocken schütteln und grob zerschneiden. Fenchel schälen, abspülen und sehr fein schneiden.

2 Zwiebel schälen, fein hacken und im Öl in der Pfanne anbraten. Sie sollen leicht gebräunt sein.

3 Reis in die Pfanne geben und 1 Minute rühren. Jetzt wird das Wasser angegossen. Die restlichen Zutaten beigeben. Alles köchelt, bis die Flüssigkeit verdampft ist.

4 Vor dem Servieren zieht der Reis noch etwa 10 Minuten unter dem Tuch durch.

KOLOKASI ME SELINO KAI TOMATA |

AROMATISCHE TAROWURZEL

4 Port.

1 Std.

Leicht

Zutaten

1 kg Kolokasi
400 ml Wasser
100 ml Olivenöl
1 Zwiebel
Saft 1 Zitrone
½ Bund Staudensellerie
2 EL Tomatenmark
Je 1 Prise Salz & Pfeffer

Küchenutensilien:
1 Küchentuch
1 Topf
1 Schüssel

Nährwerte p. P.

429 kcal
43 g Kohlenhydrate
26 g Fett
5 g Eiweiß

1 Zwiebel schälen und sofort klein hacken. Sellerie putzen, schälen und zu groben Stücken verarbeiten. Tarowurzel schälen, aber nicht waschen. Sie wird mit einem Küchentuch getrocknet. Am besten bricht der Koch die Wurzel mit dem Messer in grobe Stücke, bitte nicht schneiden!

2 In einem Topf mit dem heißen Öl dünsten die Zwiebeln an. Folglich werden Sellerie und Kolokasi beigemengt.

3 In einer Schüssel das Tomatenmark im Wasser auflösen. Die Flüssigkeit wird mit den restlichen Zutaten, außer dem Zitronensaft, dem Gemüsetopf hinzugefügt. Alles gut durchrühren.

4 Alles gart bei mittlerer Hitze circa 40 Minuten. Die Wurzel müsste weich und die Flüssigkeit zu einer dickflüssigen Soße geworden sein. Final wird sie mit Zitronensaft beträufelt.

Tipp: Während des Kochens sollte kein Zitronensaft hinzugefügt werden, da die Kolokasi sonst hart wird.

Fingerfood & Snacks

SOUFLAKI GEMISTA |

GRILLGEMÜSESPIEßE

4 Port.

45 Min.

Leicht

Zutaten

250 g Halloumi
150 g Champignons
4 Stiele Thymian
2 Zwiebeln
2 Knoblauchzehen
Je 1 rote & gelbe Paprikaschote
1 Zucchini
6 EL Olivenöl
1 Prise Meersalz
1 Prise Pfeffer

Küchenutensilien:
8 Holzspieße
1 Schüssel
1 Ofengitter
Backofen

Nährwerte p. P.

420 kcal
7 g Kohlenhydrate
34 g Fett
22 g Eiweiß

1 Thymian waschen, trocken schütteln und dessen Blätter abzupfen. Pilze putzen sowie abtrocknen. Zwiebeln schälen, halbieren sowie zu Spalten schneiden.

2 Paprikaschoten waschen, halbieren sowie von weißen Innenhäutchen und Kernen befreien. Die Paprika wird zu 2 - 3 cm großen Stücken geschnitten. Zucchini putzen sowie der Länge nach zu etwa 0,5 cm dünnen Scheiben verarbeiten.

3 Knoblauch schälen sowie fein hacken. Er wird in einer Schüssel mit dem Öl und dem Thymian vermengt. Das Ganze salzen sowie pfeffern.

4 Backofen auf 150 °C Grill einstellen. Zucchini aufrollen und auf die Spieße stecken. Jetzt werden abwechselnd Pilze, Paprika sowie Zwiebel aufgespießt. Käse etwa zu 1 cm dünnen Scheiben zurechtschneiden. Käsescheiben und Gemüsespieße werden folglich mit dem Kräuteröl bestrichen.

5 Die Spieße grillen nun 6 - 8 Minuten bei gelegentlichem Wenden im Ofen. Das Ganze darf final gern mit Pitabrot und Zitronenspalten serviert werden.

KOUPEPIA DOLMADES | GEFÜLLTE WEINBLÄTTER

4 Port.

50 Min.

Leicht

Zutaten

250 g Schweinehackfleisch (möglichst mager)
100 g Rundkornreis
750 ml Wasser
150 ml Olivenöl
100 ml TomatensaftTomatenmark
50 ml Zitronensaft
25 Weinblätter
3 Tomaten
1 Zwiebel
½ Bund Petersilie
1 EL getrocknete Minze (gehackt)
Je 1 Prise Salz & Pfeffer

Küchenutensilien:
2 Töpfe
1 kleiner Teller

Nährwerte p. P.

469 kcal
8 g Kohlenhydrate
44 g Fett
12 g Eiweiß

1 Zwiebel schälen und fein hacken. Petersilie waschen, trocknen sowie ebenfalls fein hacken. Tomate waschen, halbieren und den Blütenansatz herausschneiden. Sie werden anschließend zu sehr feinen Streifen geschnitten oder geraspelt.

2 In 100 ml Öl dünsten die Zwiebeln 2 - 3 Minuten in einem Topf an. Hackfleisch dazugeben und alles bei gelegentlichem Rühren 6 - 8 Minuten kochen lassen. Bis auf einen kleinen beiseitegelegten Rest die Tomaten sowie das Tomatenmark untermischen. Jetzt kocht alles auf.

3 Den abgespülten Reis, die Kräuter sowie Salz und Pfeffer dazugeben und alles gut mischen. Danach den Zitronensaft hinzugießen und alles 5 weitere Minuten köcheln.

4 Weinblätter im zweiten Topf mit 250 ml kochendem Wasser nur 1 Minute blanchieren und abtropfen. Sie werden mit der Aderinnenseite auf der Arbeitsplatte nach oben hingelegt. Nahe des Stielendes die Hackfleischmischung auftragen. Den Stiel darüberklappen. Die Weinblätter sollten nicht zu prall gefüllt werden, da der Reis noch an Volumen zunehmen wird.

5 Die gefüllten Weinblätter, die restlichen Tomaten sowie das übrige Öl in einen Topf geben. Mit dem restlichen Wasser auffüllen. Die Koupepia mit einem Teller beschweren. Dieser verhindert das Aufgehen der Weinblätter.

6 Deckel auf den Topf legen und alles circa 20 Minuten bei mittlerer Temperatur köcheln lassen. Die Zeit richtet sich nach dem Garzustand des Reises. Vor dem Servieren sollten die gefüllten Weinblätter kurz abkühlen.

BAKLAVAS TILIKTOS ME KARIDIA | WALNUSSROLLEN

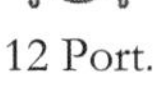

12 Port. | 1 Std. 20 Min. | Leicht

Zutaten

600 g Rohrzucker
500 g Filoteig
400 g Walnusskerne
100 g Butter
400 ml Wasser

Küchenutensilien:
2 Töpfe
1 Backblech
Backofen

Nährwerte p. P.

532 kcal
55 g Kohlenhydrate
31 g Fett
10 g Eiweiß

1 Walnüsse grob hacken. Im Topf kochen etwa 5 Minuten Wasser und Zucker zu einem Sirup ein. Er kühlt anschließend aus.

2 Im zweiten Topf wird die Butter zerlassen. Damit wird erst das Blech eingestrichen.

3 Jetzt eine Filoplatte auf die Arbeitsplatte legen. Mit ein wenig Butter einstreichen. Die zweite Teigplatte auflegen und erneut mit Butter einstreichen.

4 Walnüsse auflegen und kleine Rollen formen. Sie werden der Länge nach etwas zusammengedrückt.

5 Backofen auf 180 °C Ober-/Unterhitze aufheizen. Alle Filoteigplatten verarbeiten und auf dem Blech positionieren. Sie werden mit Butter bestrichen und backen circa 1 Stunde im Ofen.

6 Baklava aus dem Ofen nehmen und direkt mit dem abgekühlten Sirup übergießen.

KEFTEDES |

FLEISCHBÄLLCHEN

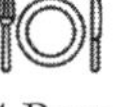  

4 Port. 25 Min. Leicht

Zutaten

500 g Kartoffeln
500 g Hackfleisch
150 - 200 g gehackte Petersilie
2 Zwiebeln
1 Ei
2 EL Pflanzenöl
Je 1 EL Salz & Pfeffer

Küchenutensilien:
1 Reibe
1 große Schüssel
1 Pfanne

Nährwerte p. P.

418 kcal
22 g Kohlenhydrate
26 g Fett
24 g Eiweiß

1 Kartoffeln schälen und mit der Reibe klein raspeln. Sie werden ein wenig ausgedrückt. Zwiebel schälen und ganz fein hacken.

2 Sämtliche Zutaten in einer Schüssel gut durchmischen. Daraus werden kleine Kügelchen geformt.

3 Im heißen Öl braten die Fleischbällchen in circa 5 - 8 Minuten in der Pfanne an. Sie sollten schön braun werden. Final tropfen sie im Küchenpapier ab. Sie werden zu Fladenbrot gereicht.

YALANCI DOLMA |

GEFÜLLTES SOMMERGEMÜSE

10 Port.

50 Min.

Leicht

Zutaten

150 g Schweinehackfleisch
100 g weißer Reis
100 ml Olivenöl
4 Tomaten
2 Zucchini
2 Paprika
2 Zwiebeln
2 Auberginen
1 Bund Petersilie
Saft ½ Zitrone
1 TL getrocknete Minze
½ TL Zimt
Je 1 Prise Salz & Pfeffer

Küchenutensilien:
1 Topf
1 Pfanne
1 Backblech
Backofen

Nährwerte p. P.

168 kcal
6 g Kohlenhydrate
14 g Fett
5 g Eiweiß

1 Gemüse putzen. Paprika und Zucchini kurz im Öl in einem Topf sautieren. Danach werden Zucchini vom wässrigen Inneren befreit. Ein wenig ausschaben, dass sie befüllt werden können. 2 Paprika putzen sowie oben abschneiden. Sie werden von Kernen und Häutchen befreit. 2 Tomaten abwaschen sowie vom Blütenansatz befreien und etwas aushöhlen.

2 Die restlichen Tomaten klein schneiden. Petersilie waschen, trocken schütteln und fein hacken. Zwiebel schälen sowie fein hacken. Aubergine putzen sowie zu kleinen Stücken verarbeiten.

3 Das Hackfleisch wird im Öl in der Pfanne kurz angebraten. Das Fleisch entnehmen und den Reis etwa 3 - 5 Minuten darin weiterbraten.

4 Backofen auf 180 °C aufheizen. Aus den zubereiteten Zutaten in Schritt 2 und 3 wird in einer Schüssel eine Füllung gemischt. Die restlichen Zutaten darunter vermengen.

5 Das gefüllte Gemüse backt auf dem Blech nun 25 - 30 Minuten.

HALLOUMI BIDDA |

HALLOUMI-BRUSCHETTA

4 Port. 20 Min. Leicht

Zutaten

16 frische Blätter Oregano (oder 1 TL getrockneter Oregano)
8 Scheiben Weißbrot
8 Scheiben Halloumi
2 Knoblauchzehen
1 Fleischtomate
½ Bund Basilikum (oder Schnittlauch)
Je 1 Prise Salz, Pfeffer & Zucker

Küchenutensilien:
1 Knoblauchpresse
1 Topf
1 Backblech
Backofen

Nährwerte p. P.

454 kcal
40 g Kohlenhydrate
22 g Fett
24 g Eiweiß

1 Backofen auf 160 °C Ober-/Unterhitze einstellen. Weißbrot auf ein Backblech legen. Knoblauch schälen und durch die Presse auf die Brotscheiben geben. Mit einem Messer wird der Knoblauch verteilt.

2 Halloumischeiben auf das Brot legen. Sie überbacken etwa 5 Minuten. Der Käse sollte goldbraun sein. Derweil den Oregano sowie Basilikum waschen, trocken schütteln und dessen abgezupfte Blätter grob schneiden.

3 Tomate kreuzweise einritzen und in einen Topf mit heißem Wasser geben. Anschließend wird sie einfach gehäutet, entkernt und gewürfelt. Im Topf kocht die Tomate mit Salz, Pfeffer, Zucker und Oregano kurz auf.

4 Auf die Halloumibrote wird nun ein Klecks Bruschetta verstrichen. Mit dem Basilikum wird der Snack final garniert.

AVGHA VRASTA ME JEMISI |

GEFÜLLTE EIER

16 Port.

45 Min.

Leicht

Zutaten

500 ml Wasser
60 g Feta
30 g Olivenöl
10 ml Zitronensaft
26 frische Petersilienblätter
8 Eier
4 TL eingelegte Kapern
3 TL scharfer Senf
1 Prise Pfeffer

Küchenutensilien:
1 Sieb
1 Topf
1 Standmixer

Nährwerte p. P.

70 kcal
1 g Kohlenhydrate
6 g Fett
4 g Eiweiß

1 Kapern tropfen im Sieb ab. Feta wird zu kleinen Stücken zerbröckelt. Im Topf kochen die Eier im heißen Wasser circa 8 Minuten fest. Sie werden abgeschreckt und kühlen folglich 30 Minuten komplett aus. Eier pellen, halbieren sowie den Eidotter herauslösen.

2 Im Standmixer werden 10 Petersilienblätter, Kapern sowie der Käse zerkleinert. Danach die Eigelbe sowie sämtliche restliche Zutaten hinzugeben. Nochmals alles mixen und mit Pfeffer abschmecken.

3 Die Masse auf die hohlen Eier geben und mit je einem Petersilienblatt garnieren.

AGRELIA |

WILDER SPARGEL

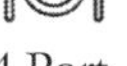

4 Port. 20 Min. Leicht

Zutaten

600 g Spargel
100 ml Olivenöl
4 Eier
Saft 1 Zitrone
Je 1 Prise Salz & Pfeffer
Kräuter nach Wahl (z. B. Oregano, Minze, Petersilie usw.)

Küchenutensilien:
1 Pfanne
1 Schüssel

1 Spargel schälen sowie die weichen Spitzen abschneiden. In einer Pfanne sautieren sie nun 5 bis 8 Minuten bei niedriger Temperatur unter stetem Rühren im erhitzten Öl. Eventuell überschüssiges Öl abgießen. Die Spargelspitzen werden folglich gesalzen und gepfeffert.

2 Eier aufschlagen sowie in einer Schüssel verrühren. Die Eier werden dem Spargel beigemengt. Wenn sie stocken, wird der Zitronensaft dazugegeben.

3 Final die frischen Kräuter waschen, trocken schütteln sowie fein zerkleinern. Damit wird das Gericht vor dem Servieren garniert.

Nährwerte p. P.

271 kcal
3 g Kohlenhydrate
26 g Fett
7 g Eiweiß

PASTOPITES |

FLEISCHTASCHEN

4 Port. 2,5 Std. Leicht

Zutaten

250 g Hartweizenmehl
100 g Lountza-Wurst
75 ml warmes Wasser
½ TL Salz
½ Packung Trockenhefe

Küchenutensilien:
2 Schüsseln
1 Küchentuch
Backofen

Nährwerte p. P.

295 kcal
44 g Kohlenhydrate
8 g Fett
13 g Eiweiß

1 Zuerst die Haut von der Wurst abziehen. Sie wird anschließend zu kleinen Stücken verarbeitet.

2 In einer Schüssel Mehl und Salz mischen. Die Hefe wird in der zweiten Schüssel in 75 ml warmem Wasser aufgelöst und folglich dem Mehl untergemengt. Den Teig gut durchkneten sowie zu 4 Kugeln formen. Sie ruhen erst einmal 10 Minuten.

3 Die Teigbällchen mit der Hand mittig auseinanderziehen. Da finden die Wurststücke Platz. Die Öffnung mit dem Teig verschließen. Auf der Arbeitsplatte werden die Kugeln mit der Hand flach gedrückt. Sie ruhen nun noch einmal 30 Minuten unter dem Küchentuch.

4 Backofen auf 180 °C Ober-/Unterhitze einstellen. In 30 - 35 Minuten backen die Pastopites nun goldbraun.

Desserts

CHALLOUMI TO RODAKINO |

GRILLKÄSE MIT PFIRSICH

4 Port.

30 Min.

Leicht

Zutaten

400 g Halloumi
125 g Rucola
2 Pfirsiche
1 Zitrone
2 EL Olivenöl
Je 2 Prisen Meersalz & Pfeffer

Küchenutensilien:
2 Schüsseln
1 Reibe
1 Backblech
Backofen

Nährwerte p. P.

420 kcal
8 g Kohlenhydrate
34 g Fett
23 g Eiweiß

1 Rucola waschen, die Blätter verlesen und trocknen. Zitrone heiß abwaschen. Davon wird etwas Schale abgerieben. Die Zitrusfrucht halbieren und in eine Schüssel auspressen.

2 Pfirsiche waschen, halbieren und deren Steine entnehmen. In einer Schüssel werden Zitronenschalenabrieb, je 1 Prise Salz und Pfeffer sowie 1 EL Öl verrührt. Damit werden die Pfirsiche eingerieben.

3 Backofen auf die 150 °C Grillfunktion einstellen. Halloumi zu acht Scheiben zurechtschneiden. Käse und Pfirsiche grillen in etwa 2 - 3 Minuten pro Seite auf dem Blech goldgelb.

4 Rucola in einer Schüssel im übrigen Öl und Zitronensaft marinieren. Der Salat wird auf dem Teller arrangiert. Darauf werden je 1 Pfirsich und 2 Halloumischeiben angerichtet. Das Ganze wird abschließend gesalzen und gepfeffert. In der Regel wird dazu frisches Weißbrot gereicht.

POUTINGA ME SIMIGDALI |

GRIEßPUDDING

4 Port. 1 Std. Leicht

Zutaten

350 g süße Früchte (in Sirup eingelegt)
200 g Rohrzucker
180 g Grieß
50 g Mandeln (geröstet und grob gehackt)
1 l Milch
200 ml Sahne
4 Eier
Saft 1 Orange
Schale 1 Orange
1 Packung Vanillezucker
2 EL Puderzucker

Küchenutensilien:
2 Schüsseln
1 Topf
1 Sieb
1 ofenfeste Form
Backofen

Nährwerte p. P.

896 kcal
137 g Kohlenhydrate
30 g Fett
19 g Eiweiß

1 In einem Topf werden die Milch, der Grieß sowie der Zucker in 5 - 8 Minuten zu einem Pudding eingekocht. Dabei wird die Orangenschale untergerührt. Währenddessen stets umrühren. Am Ende die Orangenschale entnehmen. Nun kühlt der Pudding aus.

2 In einer Schüssel werden derweil die Eier aufgeschlagen und mit dem Vanillezucker verrührt. Folglich den Saft untermischen. Das Ganze wird in den erkalteten Pudding untergehoben.

3 Die Früchte tropfen im Sieb ab. Danach werden sie klein geschnitten mit dem Pudding vermengt.

4 Backofen auf 180 °C Ober-/Unterhitze aufheizen. Nun wird der Grießpudding in die Form gegeben. Er backt etwa 30 Minuten im Ofen.

5 Derweil wird die Sahne in der Schüssel steif geschlagen. Sie wird anschließend glatt auf den Pudding gestrichen. Final wird das Ganze mit dem Puderzucker und den Mandeln bestreut.

MAHALEPI |

ROSEN-DESSERT

4 Port.

25 Min.

Leicht

Zutaten

80 g Maismehl
800 ml Wasser
16 EL Rosenwasser
32 TL Rosensirup

Küchenutensilien:
1 Tasse
1 Topf
1 tiefer Teller
1 Schüssel

1 In einer Tasse mit Wasser das Maismehl auflösen. Der Rest des Wassers wird im Topf aufgekocht. Darin wird nun das Maismehlwasser gegeben. Alles gut umrühren und köcheln, bis eine dickflüssige Masse entsteht.

2 Nun werden 4 EL Rosenwasser eingerührt. Das Ganze auf den tiefen Teller geben. Es soll fest werden. Anschließend zu Vierteln schneiden.

3 Die Mahalepi-Viertel anrichten. In einer Schüssel Sirup mit restlichem Rosenwasser mischen. Es wird um das Dessert herumgegossen.

Nährwerte p. P.

158 kcal
36 g Kohlenhydrate
1 g Fett
2 g Eiweiß

KEIK BANANAS |

BANANENKUCHEN

12 Port.

1 Std. 35 Min.

Leicht

Zutaten

500 g Bananen
450 g Vollkornmehl
220 g Rohrzucker
80 g Mandeln
220 ml Milch
180 ml Sonnenblumenöl
4 Eier
Saft 1 Zitrone
1 Packung Vanillezucker
2 TL Backpulver

Küchenutensilien:
1 Rührschüssel
1 Springform (etwa 25 cm Durchmesser)
Backofen

Nährwerte p. P.

394 kcal
45 g Kohlenhydrate
20 g Fett
8 g Eiweiß

1 Bananen schälen sowie zu dünnen Scheiben schneiden. Sie werden mit dem Zitronensaft beträufelt. Mandeln hacken.

2 In einer Rührschüssel werden die aufgeschlagenen Eier mit den zwei Zuckerarten vermengt. Jetzt werden Backpulver und Mehl dazugegeben. Die Milch und das Öl angießen und alles gut durchmengen.

3 Backofen auf 180 °C Ober-/Unterhitze aufheizen. Die Springform einfetten und zur Hälfte mit dem Teig füllen. Jetzt werden die Bananenscheiben aufgelegt. Das Ganze wird mit den Mandeln bestreut. Der restliche Teig wird on top gegeben.

4 In circa 70 Minuten backt der Kuchen fertig. Vor dem Servieren sollte er komplett auskühlen.

KATAIFI |

ENGELSHAAR

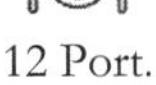

12 Port. | 1 Std. 40 Min. | Mittel

Zutaten

700 g Rohrzucker
500 g Kataifiteig
500 g ungesalzener Anari
200 g Butter
100 g Walnüsse
500 ml Wasser
½ TL Mastix
1 Prise Zucker

Küchenutensilien:
2 Schüsseln
1 Topf
Mörser & Stößel
Backofen

Nährwerte p. P.

575 kcal
69 g Kohlenhydrate
30 g Fett
9 g Eiweiß

1 Im Mörser Mastix mit der Prise Zucker zerstoßen. Walnüsse grob zerkleinern. Die Teigfäden mit den Händen trennen und zu kleineren Stücken schneiden. Sie landen in einer Schüssel.

2 Nun schmilzt die Butter im Topf. Sie wird über die Teigfäden gegossen. Die Fäden sollen richtig aneinandergerieben werden, damit sie sich verbinden. Eine Hälfte des Engelshaars wird auf dem Blech verteilt sowie anschließend mit der Hand flach gedrückt.

3 In der zweiten Schüssel den Anari mit einer Gabel zerdrücken. Die Mastix-Zuckermischung wird dem untergehoben. Nun werden die Walnüsse beigemengt. Alles gut durchmischen.

4 Backofen auf 180 °C Ober-/Unterhitze vorheizen. Die Füllung kommt auf den Teigboden. Jetzt wird der Rest des Kataifiteigs darübergegeben und angedrückt.

5 Das Engelshaar-Dessert backt in 65 - 70 Minuten goldbraun.

6 Kurz vor dem Ende der Backzeit den Rohrzucker und das Wasser im Topf erhitzen und 5 Minuten einkochen. Der heiße Sirup wird über das aus dem Ofen kommende Dessert gegossen.

MILA TON PARADISON |

PARADIESÄPFEL

4 Port. 25 Min. Leicht

Zutaten

200 ml Epsima (Weintraubensirup – oder anderer Sirup)
200 ml Commandaria (oder anderer Dessertwein)
6 Nelken
4 Äpfel
2 Zimtstangen

Küchenutensilien:
1 Topf
1 Schaumlöffel

Nährwerte p. P.

312 kcal
77 g Kohlenhydrate
1 g Fett
1 g Eiweiß

1 Äpfel schälen. Die Stiele an den Früchten belassen. In einem Topf werden sie eng nebeneinandergestellt.

2 Jetzt werden die Flüssigkeiten angegossen und Zimt sowie Nelken hinzugefügt. Der Topfinhalt köchelt, bis die Äpfel weich sind. Es sollte in circa 15 Minuten eine sirupartige Soße entstehen. Den Schaum regelmäßig von der Oberfläche entnehmen.

FINIKOPITA |

DATTELKUCHEN

12 Port.

1,5 Std.

Leicht

Zutaten

450 g Rohrzucker
400 g Vollkornmehl
250 g Joghurt
200 g Butter
200 g Datteln
150 g Walnusskerne
200 ml Wasser
6 Eier
4 Nelken
2 Zimtstangen
Saft 2 Orangen
Schale 1 Orange
2 TL Backpulver
1 TL Natron

Küchenutensilien:
1 Topf
1 Rührschüssel
1 Rührgerät
1 Springform (etwa 25 cm Durchmesser)
Backpapier
Backofen

Nährwerte p. P.

527 kcal
66 g Kohlenhydrate
25 g Fett
10 g Eiweiß

1 In einem Topf kochen Orangenschale, Orangensaft, Zimtstangen, Nelken und 200 g Zucker mit 200 ml Wasser etwa 3 Minuten auf und ein. Nelken und Zimtstangen entnehmen. Der Sirup kühlt nun aus.

2 Der restliche Zucker und die Butter werden in einer Rührschüssel auf der höchsten Stufe des Rührgeräts cremig geschlagen. Die Eier aufschlagen und hinzufügen. Alles weitere 3 Minuten schlagen.

3 Walnusskerne grob hacken und Datteln halbieren. Beides landet mit dem Mehl sowie Backpulver und Natron in der Rührschüssel. Das Rührgerät mischt alles auf reduzierter Stufe. Am Ende wird der Joghurt untergehoben.

4 Backofen auf 180 °C Ober-/Unterhitze aufheizen. Springform einfetten sowie mit Backpapier belegen. Der Teig wird in die Form gefüllt und backt etwa 1 Stunde.

5 Auf den heißen Kuchen wird der inzwischen kalte Sirup gegossen.

KEKAKI CHALLOUMI |

HALLOUMI-GUGELHUPF

16 Port. 1 Std. 20 Min. Leicht

Zutaten

380 g Weizenvollkorn-mehl
250 g Halloumi
160 g Rosinen
120 ml g weiche Butter-Rapsöl
50 g Rohrzucker
40 ml Orangenlikör
120 ml Orangensaft
120 ml Milch
15 frische Minzblätter
4 Eier
2 TL Backpulver
1 Prise Salz

Küchenutensilien:
2 Schüsseln
1 Gugelhupfform
1 Rührschüssel
1 Holzspieß

Nährwerte p. P.

259 kcal
30 g Kohlenhydrate
13 g Fett
7 g Eiweiß

1 Die Gugelhupfform mit etwas weicher Butter einfetten und mit etwas Mehl bestäuben.

2 In eine Schüssel Backpulver, Mehl sowie Rosinen geben. In der zweiten Schüssel werden der zerbröckelte Käse und die klein geschnittenen Minzblätter vermischt.

3 Backofen auf 180 °C Ober-/Unterhitze aufheizen. In der großen Rührschüssel die Eier aufschlagen. Nun wird das Ganze mit Salz, Zucker und weicher Butter aufgeschlagen. Die beiden Mischungen aus den Schüsseln hinzufügen. Jetzt werden Milch und zur Verfeinerung Orangensaft sowie Orangenlikör untergerührt. Es soll ein leichter Teig entstehen.

4 Kuchenteig in die Form gießen. Er backt nun etwa 1 Stunde im Ofen. Er ist fertig, wenn kein Teig am hineingesteckten Holzstäbchen hängen bleibt.

DAKTYLA |

SÜẞE FINGER

16 Port.

1 Std.

Leicht

Zutaten

1 kg Vollkornmehl
1 kg feinen Rohrzucker
300 g gehackte Mandeln
50 g Rohrzucker
1,125 l Wasser
500 ml Frittieröl
150 ml Pflanzenöl
3 Nelken
1 Zimtstange
Saft ½ Zitrone
1 EL Rosenwasser
1 TL Zimt
1 Prise Salz
Einige Spritzer Zitronensaft

Küchenutensilien:
2 Schüsseln
2 Töpfe
1 Sieb
Küchenpapier

Nährwerte p. P.

854 kcal
96 g Kohlenhydrate
47 g Fett
11 g Eiweiß

1 Das Mehl in eine große Schüssel sieben. Nun wird es mit dem Salz und 150 ml Pflanzenöl vermischt. 400 ml Wasser sowie ein paar Spritzer Zitronensaft dazugeben. Die Masse wird zu einem festen Teig geknetet und ruht anschließend abgedeckt 30 Minuten.

2 Derweil werden in der zweiten Schüssel die Mandeln, 50 g Zucker, 1 TL Zimt sowie 1 EL Rosenwasser miteinander vermengt.

3 Aus den restlichen Zutaten wird im Topf ein Sirup gemischt. Dieser kocht kurz auf und etwa 5 Minuten ein. Alles gut mischen. Ab jetzt kühlt er aus.

4 Folglich wird der Teig auf der Arbeitsplatte dünn ausgerollt und zu 8 x 10 cm großen Rechtecken zugeschnitten. Je 1 TL der Füllung aus Schritt 2 auf die lange Rechteckseite geben. Jetzt werden die Teigstücke aufgerollt. Die Enden der Rollen mit der Gabel versiegeln.

5 Im heißen Frittieröl backen die Teigröllchen im zweiten Topf in 3 - 5 Minuten goldbraun. Sie tropfen auf dem Küchenpapier ab.

6 Vor dem Servieren werden die "Finger" in den lauwarmen Sirup getaucht.

Tipp: Ohne die süße Auslegung funktioniert diese Variante auch als Fingerbrot.

LOUKOUMADES |

HONIGBÄLLCHEN

20 Port.

1 Std. 15 Min.

Leicht

Zutaten

1 kg Mehl
250 g Kartoffelbrei
250 g Rohrzucker
250 g Honig
20 g Trockenhefe
750 - 800 ml lauwarmes Wasser
1 Zimtstange
10 EL Pflanzenöl
Einige Spritzer Zitronensaft

Küchenutensilien:
1 Topf
1 Schüssel
1 Pfanne
1 Schaumlöffel
Küchenpapier

Nährwerte p. P.

204 kcal
54 g Kohlenhydrate
7 g Fett
6 g Eiweiß

1 Für den Sirup werden Zucker, Honig, 300 ml Wasser, die Zimtstange und ein paar Spritzer Zitronensaft im Topf vermengt. Das Ganze kocht, bis sich eine sirupartige Konsistenz herausbildet. Danach kühlt der Sirup ab.

2 Derweil werden in einer Schüssel Mehl, Hefe und das restliche Wasser vermischt und zu einem Teig verrührt. An einem warmen Standort geht der Teig etwa 30 Minuten.

3 Nun wird der Kartoffelbrei dem Teig untergehoben und alles gut vermischt.

4 In einer Pfanne das Öl erhitzen. Mit dem Dessertlöffel werden aus dem Teig Portionen entnommen, die im Öl in circa 3 - 5 Minuten goldbraun braten. Anschließend tropfen die Bällchen auf dem Küchenpapier ab.

5 Loukoumades in den Sirup tauchen. Mit dem Schaumlöffel aus dem Siruptopf herausholen und die Nachspeise heiß servieren.

Getränke

MATTINA DRINK

2 Port. 5 Min. Leicht

Zutaten

150 g griechischer Joghurt
3 Scheiben Vollkornzwieback
1 Nektarine
1 Kiwi
1 Tasse Espresso
2 TL Honig
1 TL Instant-Kaffeepulver (oder Kakaopulver)

Küchenutensilien:
1 Standmixer

Nährwerte p. P.

201 kcal
25 g Kohlenhydrate
10 g Fett
5 g Eiweiß

1 Nektarine halbieren, entsteinen und anschließend würfeln. Kiwi schälen sowie würfeln.

2 In einem Standmixer werden nun alle Zutaten, bis auf das Pulver, miteinander vermischt.

3 Final wird das Pulver auf den Drink im Glas gestreut.

OUZO EIDIKOS |

OUZO SPEZIAL

1 Port.

5 Min.

Leicht

Zutaten

200 ml Zitronenlimonade
5 cl Ouzo
1 - 2 Eiswürfel
1 Spritzer Grenadine

Küchenutensilien:
1 Cocktailglas (à 300 ml)

Nährwerte p. P.

235 kcal
28 g Kohlenhydrate
0 g Fett
0 g Eiweiß

1 In das 300 ml umfassende Cocktailglas werden die Eiswürfel gegeben. Erst mit Ouzo und dann mit der Zitronenlimonade auffüllen.

2 Final taucht der Spritzer Grenadine durch das ganze Glas und ergibt einen schönen optischen Verlauf.

KONIAK THYMONO |

BRANDY SOUR

2 Port. 5 Min. Leicht

Zutaten

350 - 400 ml Sodawasser
8 cl Brandy
2,5 cl Zitronensirup
1 Zitronenspalte
1 EL Zitronensaft
1 EL Zucker
3 - 5 Tropfen Angostura Bitter

Küchenutensilien:
1 Schüssel
1 Longdrinkglas (à 400 ml)
1 Barlöffel

Nährwerte p. P.

164 kcal
18 g Kohlenhydrate
0 g Fett
0 g Eiweiß

1 Das Longdrinkglas oben am Rand mit einer Zitronenspalte einreiben. Jetzt wird es kopfüber in die Schüssel mit Zucker getaucht.

2 Brandy einfüllen. Mit dem Zitronensirup fortfahren. Nun wird der frische Zitronensaft dazugegossen.

3 Den Bitter eingießen und mit Sodawasser auffüllen. Eiswürfel hinzufügen und alles gut mit dem Barlöffel umrühren.

KAFES KYPRIAKI |

ZYPRIOTISCHER KAFFEE

1 Port.

10 Min.

Mittel

Zutaten

200 ml Wasser
1 gehäufter TL Kaffeepulver
½ - 1 TL Zucker

Küchenutensilien:
1 Topf
1 kleiner Stieltopf (oder ofenfeste Tasse)

Nährwerte p. P.

29 kcal
7 g Kohlenhydrate
1 g Fett
1 g Eiweiß

1 In einem Topf das Wasser kochen. Im Stieltopf werden Kaffee, heißes Wasser und nach Wunsch der Zucker vermischt.

2 Dieser Stieltopf wird langsam erhitzt. Lieber mit kleiner Flamme anfangen und nach 2 - 3 Minuten erhöhen. Langsam wächst vom Rand zur Mitte ein Schaum. Wenn leichte Blasen entstehen, ist er fertig. Er ist sehr stark.

SIROPI APO PORTOKALI |

ORANGENSIRUP

1 Liter 25 Min. Leicht

Zutaten

750 g Zucker
1 l frisch gepresster Orangensaft
125 ml frisch gepresster Zitronensaft
4 Basilikumblätter
Schalenabrieb 1 Orange

Küchenutensilien:
1 Topf
1 Flasche (à 1 Liter)

Nährwerte p. 50 ml

173 kcal
43 g Kohlenhydrate
1 g Fett
1 g Eiweiß

1 In einem Topf wird der Orangensaft unter mittlerer Temperatur erhitzt. Darin soll sich folglich der Zucker auflösen.

2 Die restlichen Zutaten hinzugeben und alles unter stetem Rühren zu einem Sirup einkochen. Die Basilikumblätter entfernen.

KARDAMO LASSI |

WÜRZIGER LASSI

4 Port. 5 Min. Leicht

Zutaten

300 g griechischer Joghurt
600 ml Mineralwasser (wenig Kohlensäure)
8 Eiswürfel
2 EL Rohrzucker
1 TL Rosenwasser
1 TL Zimtpulver (oder Kakaopulver)
2 Msp. gemahlener Kardamom

Küchenutensilien:
1 Standmixer

Nährwerte p. P.

120 kcal
11 g Kohlenhydrate
8 g Fett
3 g Eiweiß

1 In einem Standmixer werden sämtliche Zutaten miteinander vermengt.

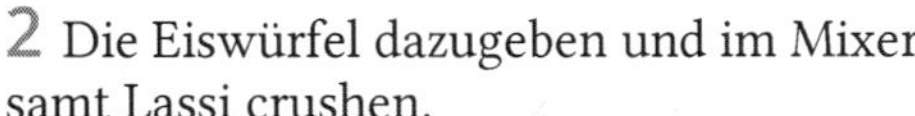

2 Die Eiswürfel dazugeben und im Mixer samt Lassi crushen.

3 In die Gläser füllen und mit Zimtpulver bestreuen.

DEILA SMOOTHIE ME BANANA |

FEIGEN-BANANEN-SMOOTHIE

2 Port.

5 Min.

Leicht

Zutaten

300 g griechischer Joghurt
150 ml Orangensaft
3 Feigen
1 Banane
1 TL Honig (oder Agavendicksaft)

Küchenutensilien:
1 Standmixer

Nährwerte p. P.

200 kcal
22 g Kohlenhydrate
11 g Fett
5 g Eiweiß

1 Die Stielenden der Feigen entfernen. Sie werden geputzt und geviertelt. Banane schälen und klein zuschneiden.

2 Im Standmixer sämtliche Zutaten miteinander mischen und in die Gläser füllen.

Soßen, Cremes & Dips

SALTSA NTOMATES – AICHMIROS |

SCHARFE TOMATENSOẞE

3 Port. 35 Min. Leicht

Zutaten

200 g passierte Tomaten
4 Tomaten
3 Knoblauchzehen
1 Zwiebel
1 grüne Chilischote
1 rote Chilischote
¼ Bund Basilikum (oder 1 TL getrocknetes Basilikum)
¼ Bund Oregano (oder 1 TL getrockneter Oregano)
3 EL Olivenöl
1 EL Butter
1 TL Paprikapulver (rosenscharf)
1 TL Pflanzenöl
Je 1 Prise Salz & Pfeffer

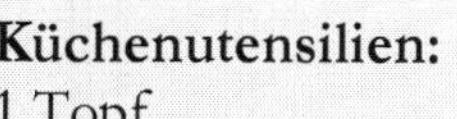

Küchenutensilien:
1 Topf
1 Knoblauchpresse

Nährwerte p. P.

169 kcal
7 g Kohlenhydrate
16 g Fett
2 g Eiweiß

1 Zwiebel schälen, halbieren und zu Streifen schneiden. Chilischoten halbieren und samt Kernen klein schneiden. Tomaten waschen, halbieren sowie vom Blütenansatz befreien. Sie werden zu Würfeln geschnitten.

2 Im Öl dünsten Zwiebel sowie Chili im Topf an. Knoblauch schälen sowie mit der Presse dazugeben. Alles dünstet weiter, bis die Zwiebeln weich sind.

3 Tomatenwürfel hinzufügen und die passierten Tomaten dazuschütten. Jetzt wird die Butter untergehoben.

4 Kräuter waschen, trocken schütteln sowie deren Blätter abzupfen und klein schneiden. Folglich werden sämtliche Gewürze untergemischt. Das Ganze köchelt nun noch etwa 5 Minuten.

SKORDALIA ME FETA |

KÄSE-KNOBLAUCHSOẞE

3 Port.

20 Min.

Leicht

Zutaten

Zutaten:
200 g Fetakäse
250 ml trockener Weißwein
200 ml Sahne
½ Knoblauchknolle
1 EL Butter
Je 1 Prise Salz & Pfeffer

Küchenutensilien:
1 Pfanne
1 Standmixer

Nährwerte p. P.

247 kcal
3 g Kohlenhydrate
23 g Fett
10 g Eiweiß

1 Knoblauch schälen sowie zu groben Stücken schneiden. Er zieht in der Pfanne in der Butter an. Er darf jedoch nicht braun werden.

2 Das Ganze mit dem Wein ablöschen. Feta in die Pfanne hineinbröckeln und langsam schmelzen lassen. Mit den Gewürzen abschmecken. Alles köchelt etwa 12 - 15 Minuten.

3 Im Standmixer wird die Soße mit der Sahne püriert. Es soll eine cremige Konsistenz entstehen. Final wird alles noch einmal aufgekocht.

TARAMOSALATA |

FISCHROGEN-DIP

12 Port. 15 Min. Leicht

Zutaten

300 g Brot
100 g Taramas (gelber/roter Kaviar)
300 ml Olivenöl
50 - 250 ml Wasser
200 ml Zitronensaft
1 Zwiebel
½ TL Salz

Küchenutensilien:
2 Schüsseln
1 Standmixer

Nährwerte p. P.

280 kcal
11 g Kohlenhydrate
25 g Fett
4 g Eiweiß

1 Taramas entsalzt etwa 10 Minuten in 200 ml lauwarmem Wasser. Folglich ausspülen und trocknen. Rogen aus der Büchse darf sofort verwendet werden.

2 In einer Schüssel weicht das Brot in 50 ml Wasser ein. Zwiebel schälen und anschließend fein hacken.

3 Im Standmixer wird aus Rogen, Zwiebeln und weichem Brot eine homogene Masse püriert. Nach und nach werden der Zitronensaft und danach das Öl hinzugegeben. Am Ende wird der Dip noch gesalzen.

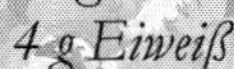

GIAOURTI ME ANARI KE KAPPARI |

KAPERN-JOGHURT-DIP

4 Port.

10 Min.

Leicht

Zutaten

250 g Ziegenjoghurt
100 g Anari (oder Ricotta)
3 EL Kapernäpfel
Je 1 Prise Salz & Pfeffer

Küchenutensilien:
1 Schüssel
1 Sieb

1 Den Käse in einer Schüssel mithilfe einer Gabel zerdrücken. Den Joghurt durch ein Sieb zu dem Käse drücken. Alles gut vermischen.

2 Kapern unterrühren und den Dip würzen. Nochmals gut verrühren.

Nährwerte p. P.

52 kcal
3 g Kohlenhydrate
4 g Fett
3 g Eiweiß

HUMMUS | KICHERERBSENPASTE

6 Port.

12 Std. 30 Min.

Leicht

Zutaten

150 g Tahini
100 g Kichererbsen
120 ml Zitronensaft
1 Prise Salz

Küchenutensilien:
1 Schüssel
1 Sieb
1 Topf
1 Standmixer

1 Über Nacht weichen die Kichererbsen in einer Schüssel mit kaltem Wasser ein. Morgens werden sie abgewaschen. Sie tropfen im Sieb ab.

2 Im Topf die Kichererbsen mit Wasser bedecken. Jetzt kochen sie circa 20 Minuten, bis sie weich sind. Am Ende werden etwa 40 ml der Kochflüssigkeit aufgefangen.

3 Sämtliche Zutaten in einem Standmixer pürieren. Mithilfe des Kochsuds wird die optimale Cremigkeit erreicht.

Nährwerte p. P.

153 kcal
5 g Kohlenhydrate
13 g Fett
7 g Eiweiß

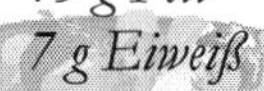

EXAPLOSI ME MELITZANA KAI FETA |

AUBERGINEN-FETA-CREME

6 Port.

45 Min.

Leicht

Zutaten

250 g Feta
10 schwarze Oliven
3 Knoblauchzehen
1 Aubergine
3 EL Olivenöl
1 TL getrockneter Oregano
1 TL edelsüßes Paprikapulver
Je 1 Prise Salz & schwarzer Pfeffer

Küchenutensilien:
1 Schüssel
Backofen

Nährwerte p. P.

158 kcal
2 g Kohlenhydrate
14 g Fett
7 g Eiweiß

1 Backofen auf 200 °C aufheizen. Aubergine putzen, halbieren und etwa 30 Minuten im Ofen backen. Sie kühlt danach aus.

2 Knoblauch schälen und grob hacken. Die Oliven werden entsteint sowie klein geschnitten.

3 Aubergine häuten sowie klein zurechtschneiden. Sie landet mit dem klein zerbröckelten Feta in einer Schüssel.

4 Sämtliche Zutaten werden nun miteinander vermengt. Das Ganze zieht mindestens 15 Minuten vor dem Genuss durch.

TALATOURI |

GURKENJOGHURT

4 Port. 20 Min. Leicht

Zutaten

250 g Salatgurke
250 g griechischer Joghurt
2 EL gehackte Minze
1 TL Salz

Küchenutensilien:
1 Sieb
1 Schüssel

Nährwerte p. P.

41 kcal
4 g Kohlenhydrate
2 g Fett
3 g Eiweiß

1 Gurke schälen und waschen. Sie wird klein gewürfelt. Wer möchte, darf das wässrige Innere gern mit einem Löffel ausschaben.

2 Gurkenwürfel salzen. Sie ziehen etwa 10 Minuten. Anschließend tropfen sie im Sieb ab.

3 In einer Schüssel werden Gurken, Minze und der Joghurt gut miteinander vermengt.

POURES PAPRIKA |

PAPRIKA-RELISH

4 Port.

15 Min.

Leicht

Zutaten

250 g Tomaten
100 g rote Zwiebeln
250 ml heißes Wasser
1 rote Paprika
1 grüne Peperoni
Je 1 Prise Salz & Pfeffer

Küchenutensilien:
1 Topf
1 Standmixer
1 Schüssel

1 Paprika putzen, halbieren und deren Kerne sowie Häutchen entnehmen. Sie wird fein gewürfelt. Peperoni schälen sowie zu feinen Streifen schneiden. Zwiebel schälen und fein hacken.

2 Tomaten kreuzweise einritzen und etwa 2 Minuten in einen Topf mit dem 200 ml heißen Wasser legen. Nun lassen sie sich einfach häuten. Das Tomatenfleisch würfeln.

3 Die Hälfte der Zutaten aus den Schritten 1 und 2 im Standmixer pürieren. In einer Schüssel wird das Püree nun mit den restlichen Gemüsezutaten sowie Salz und Pfeffer vermengt.

Nährwerte p. P.

43 kcal
7 g Kohlenhydrate
1 g Fett
2 g Eiweiß

Tipp: Erwärmt und eingekocht, funktioniert dieses Relish auch als Beilage zu manchem Hauptgericht. Dann sollte mit der doppelten Menge Tomaten, Paprika und Peperoni gerechnet werden.

SALTSA TAXINI |

TAHINI-DIP

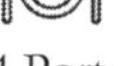

4 Port. 10 Min. Leicht

Zutaten

50 - 100 ml kaltes Wasser
2 Knoblauchzehen
Saft 2 Zitronen
½ Bund Petersilie
4 EL Tahini (Sesampaste)
4 EL Olivenöl
1 Prise Salz

Küchenutensilien:
1 Schüssel
1 Standmixer

Nährwerte p. P.

183 kcal
1 g Kohlenhydrate
19 g Fett
4 g Eiweiß

1 Knoblauchzehen schälen sowie in eine Schüssel zerdrücken. Sie werden mit dem Salz vermengt. Petersilie waschen, abtrocknen sowie deren Blätter entnehmen.

2 Alle Zutaten, bis auf das Wasser, in einem Standmixer zu einer homogenen Paste mischen. Mit dem kalten Wasser lässt sich die dickflüssige Konsistenz steuern. Der Dip passt zu Brot oder als Dressing für Sandwich und Salat.